Quédate con nosotros, Señor, porque atardece

Álvaro Pombo

Quédate con nosotros, Señor, porque atardece

Álvaro Pombo

Ediciones Destino
Colección Áncora y Delfín
Volumen 1264

Diagonal, 662-664. 08034 Barcelona
www.edestino.es
www.planetadelibros.com

Primera edición: mayo de 2013

ISBN: 978-84-233-4656-1
Depósito legal: B. 8.023-2013
Impreso por Cayfosa
Impreso en España-*Printed in Spain*

El papel utilizado para la impresión de este libro es cien por cien libre de cloro y está calificado como papel ecológico.

Para Esteban Martín Pérez

«Und wolltest nichts, als eine lange Arbeit»
(y no querías nada más que un largo laboreo)

R. M. RILKE

Se acercaron a la aldea donde iban y Jesús fingió seguir adelante. Obligáronle diciendo: «Quédate con nosotros, porque atardece, y el día ya ha declinado». Y entró para quedarse con ellos. Puesto con ellos a la mesa, tomó el pan, lo bendijo, lo partió y se lo dio. Entonces se les abrieron los ojos y le reconocieron, pero él desapareció de su lado. Se dijeron uno a otro: «¿No estaba ardiendo nuestro corazón dentro de nosotros cuando nos hablaba en el camino?».

Evangelio según san Lucas, 24, 28-32

Afuera es todavía de noche. Es la madrugada subtropical de los primeros días de adviento, al sur de Granada, en el pelagartal.

Son tan pocos. Solo seis monjes encapuchados, seis siluetas humanas, recogidas, inmóviles, delante del altar en corro. Seis bultos blanquecinos en una capilla blanca que recuerda un poco una panera vacía. Uno de ellos, el más alto, lee una lectura breve: (Rm 13, 11b-12): *Ya es hora de despertaros del sueño, porque ahora nuestra salvación está más cerca que cuando empezamos a creer. La noche está avanzada, el día se echa encima: dejemos las actividades de las tinieblas y pertrechémonos con las armas de la luz*. Todos, en el responsorio: *Cristo, Hijo de Dios vivo, ten piedad de nosotros. / Tú que has de venir al mundo, ten piedad de nosotros. / Oremos a Dios padre, que nos concede la gracia de esperar la revelación de nuestro Señor Jesucristo y digámosle confiados: muéstranos, Señor, tu misericordia*.

Resulta sobrecogedor oír leer, uno a uno o en coro, a estos monjes. Es sobrecogedora la idea de que los seis a la vez, ahora mismo, tengan ante sí un mismo objeto intencional: seis atenciones individuales se dirigen, aquí y ahora, a un mismo objeto intencional. Y es sobrecogedor que este objeto sea un texto de la Epístola a los Romanos que describe la situación en que se encuentran, en este momento de la historia —de su intrahistoria, al menos— estos seis frailes. Y que describe un reino inverosímil, que solo parece sostenerse en las palabras que devotamente lo enuncian día tras día.

Se han levantado a las cuatro de la mañana. Llevan media hora con esto. Ya es hora de despertar del sueño: los seis aducen a la vez el mismo motivo: porque ahora nuestra salvación está más cerca que cuando empezamos a creer. ¿Cuándo empezaron a creer? A esta pregunta, sin duda, responden seis biografías diferentes. ¿Creían igual —y lo mismo— cuando eran niños? Tendrían, sin duda, creencias de niño, creencias católicas. Es de suponer que empezaron desde dentro y siguen dentro. Afuera, lentamente se alza un sol neblinoso que aún no ilumina la tierra: solo disuade la luz de la luna, con quien se compaginará todavía un buen rato en los cielos frutales de los mangos, los chirimoyos, los aguacates, las patatas, las berzas, los roquedos, la tierra granaína. Hace frío dentro de la capilla, alrededor del altar. Hace frío dentro de esta panera vacía. *Haz, Señor, que durante este día caminemos en santidad / y llevemos una vida sobria, honrada y religiosa / ayúdanos a vestirnos del Señor Jesucristo / y a llenarnos del Espíritu Santo / Haz, Señor, que estemos preparados el día de la manifestación gloriosa de tu Hijo*. Tendrían costumbres religiosas y no religiosas (las costumbres y los hábitos de la actitud natural) que les duraron toda la juventud y hasta el día en que entraron en el convento. Una vez dentro ¿sintieron todos que su salvación estaba más cerca por el hecho de estar dentro del convento y empezar a creer como de nuevo? ¿Sintieron que las creencias anteriores, con no ser distintas, no eran sin embargo las mismas creencias que vivamente creían ahora?

¿En qué consiste esto, este creer en lo mismo pero creerlo de un modo distinto? ¿En qué consiste esta variación? Vivían en la falta de vivacidad, de vigor, de sus creencias heredadas, imitadas, copiadas, de su entorno. Vivían apegados a sus prejuicios familiares y sociales: cada cual, sin embargo, a su modo, sintieron que vivían como en un sueño. Por eso entraron en el convento, para despertar, para ser exaltados por una experiencia especial, la experiencia cristiana que hasta entonces, aun habiendo formado parte de sus vidas, no había tenido, sin embargo, vigencia. Entonces empezaron a creer, cuando empezaron a despojarse de las inanes convicciones que habían tenido hasta la fecha, hasta esa fecha. Y esto es sorprendente, porque casi nadie hace esa experiencia. Lo más parecido que conocemos todos es la experiencia del amor: enamorarnos de alguien que nos saca del rutinario creer y sentir lo que siempre habíamos sentido. Ese sentirse extrañados, ese fue el gran asunto. No suele durar mucho. Pero, a la vez, puede durar toda una vida. ¿Cuánto tiempo les durará a estos seis monjes?

Desde fuera, el más alto del corro, el prior que dirige la oración matutina, tiene un aire resuelto, esa natural preponderancia que confiere, casi por sí sola, la estatura a los varones. Lleva ya ocho años de prior, elegido prior en dos elecciones sucesivas. Se adivina una cierta tendencia a distanciarse irónicamente de los demás, templada por el hecho de que cree que hace las veces de Cristo en el convento. Ser prior es no hacer distinción de personas en el convento. ¿Cómo va a hacer las veces de Cristo? ¿De verdad este hombre, de aspecto juvenil todavía aunque ya pasa de los sesenta, es el vicario de Cristo en el convento de la Gorgoracha?

Desde su reducto irreal, casi solo digital, solo virtual, el espectador no puede no sentirse extrañado ante la extrañeza de la vida de estos monjes que rodean a su prior y que rezan. ¿Quién les ha metido en esto? Los tres mayores —el prior, Abel y Raimundo— se entusiasmaron juntos entre la mitad y el final de sus carreras universitarias, con la idea de un cambio radical en sus vidas, un instante de lucidez cristiana. Nadie puede decir Jesús es el Señor, si no es por obra del Espíritu Santo. Aquellos tres pudieron decir Jesús es el Señor, justo en un momento en que su juventud desembocaba en madurez y en vigor intelectual y físico. Y se sintieron llenos del Espíritu Santo.

Cuando le eligieron prior, le leyeron el capítulo segundo de la Regla de san Benito en voz alta. Le impresionó esto: *cuide sobre todo no despreciar la salvación de las almas que están a su cargo, de modo que prefiera esta obligación al cuidado de las cosas transitorias, terrenas y caducas.* Iban a vivir, pues, de cualquier manera en medio de las cosas transitorias terrenas y caducas. Y de un modo exaltado y fiel y constante en busca de la salvación colectiva, litúrgica, comunitaria de sus almas. ¿De verdad aceptó este joven estudiante de Derecho, ese brusco, violento hiato entre alma y cuerpo, entre este mundo y el otro mundo? ¿Cómo pudo ser tan raro ya entonces, tan joven? Un sentimiento de extrañeza sobrecoge al espectador que observa la oración matutina de estos frailes.

A la derecha del prior, Abel, que también instantáneamente vio lo que el prior veía, al acabar la mercurial juventud de un universitario aplicado y oscuro, introvertido y severo y deseoso, también confusamente, de romper la viscosidad de la vida cotidiana, su pegajosidad afectiva, su desocupación de estudiante estudioso. La viscosidad de la incertidumbre juvenil de universitario aplicado que no sabe bien qué quiere hacer después. Pero no fue tanto la influencia del entonces José María Labordieu, ahora prior, sino la influencia de Raimundo: Raimundo era el fuerte, el férreo, el más justo, el más violento, el que más se resistió a entrar en lo que por aquel entonces Raimundo llamaba «vuestro ideal de clausura monjil; se os ve como monjitas, chicos —eso decía—. Se os ve huidizos. Incluido yo».

Los otros tres monjes son mucho más jóvenes, llegaron a la Gorgoracha para completar la comunidad. Es otra generación, más vivaces, menos intelectuales, menos contemplativos, más inquietos, más laboriosos —el laboreo de la tierra cobró vigor con la llegada de estos tres nuevos frailes: Ignacio, Pablo y Lorenzo.

Ahora están haciendo la oración silenciosa, que durará una hora. Hacia las ocho y media dirá misa el prior y celebrarán la Eucaristía. A las nueve y media desayunarán los seis en silencio y comenzará la hora tercia, el trabajo de diez a una hasta la hora sexta.

No hay nadie en la capilla de la Gorgoracha esta madrugada. Pero luego más tarde, a mediodía, entre la hora tercia y la hora sexta o la hora nona, vendrán gentes absortas, sin nombre, que se arrodillarán o se sentarán en los exiguos bancos de la capilla solo para ver lo que hacen estos extraños encapuchados, solemnes, inverosímiles, concentrados. Las gentes que vienen a observar el rezo de la liturgia de las horas, unas veces lo entienden y otras no. En realidad, es pura curiosidad: vienen, curiosos, para ver la vida inverosímil, oír la oración inverosímil, la súplica inverosímil, que en sus gastados oídos cotidianos resuena de pronto como una novedad, una renovación, una fuente. Nunca son muchos, solo unos cuantos que aparcan sus coches o sus motos al otro lado del muro del convento y que, de algún modo, al entrar en la capilla se sienten cohibidos y caminan de puntillas. Son conscientes de que van a asistir a una representación de la inverosimilitud y la extrañeza. Algunos llegan temprano hacia las ocho y media para asistir a misa. Después no hay nada, no hay espectáculo, hasta la tarde. En la vida de los seis frailes, sin embargo, hay, desde la hora tercia hasta la hora sexta, la hora de comer, trabajo manual entre las diez de la mañana y la una, con una interrupción para el Ángelus. Algunos días, los que vinieron a misa, remolonean por la huerta para ver a los frailes labrando los arroyos de patatas o barriendo las hojas de los arbolitos de otoño. Se limitan a observar a una media distancia estos acontecimientos rurales, agrícolas, de otro tiempo, que evocan la vida de sus abuelos en los lejanos pueblos de bellos nombres arábigos: Alhendín, Vélez de Benaudalla, los Guájares, Ízbor, Lobres, Ítrabo, Alhama de Granada, Güevejar, Haza del Trigo. Son tan poca gente, tan separados entre sí, que motean la capilla de la Gorgoracha, con sus figuras indistintas, silenciosas, curiosas, como animales domésticos, con la curiosidad repentina de los gatos.

De pronto parece que ahí fuera queda atrás, a un lado, un mundo monótono. Aquí dentro hay, al parecer, un mundo excepcional. Contra lo que pudiera pensarse, lo excepcional sucede dentro y lo ordinario afuera. Contra todo pronóstico, la originalidad viene de la anulación del yo, procede de la anulación del yo, y la vulgaridad de la exaltación del yo. ¿Son nuestros seis monjes originales, genuinos, únicos? Ninguno de los seis reclamaría para sí semejante gansada. Dirían, supongo, que forman parte de la Iglesia, una y única, y que sus voces litúrgicas son anónimas. Esta es la gracia del relato: que lo anónimo sea de pronto singular y que regrese, en plena extrañeza, día tras día, al anonimato, en la liturgia de las horas.

Cuando le conocí, era ya un hombre mayor. No éramos muchos en aquel gran convento. Nos veíamos todos todos los días. Dentro de aquella atmósfera de silencio, la comunidad, el todos nosotros, era más visible que la individualidad de cada uno. Los primeros meses de postulantado fueron casi cómicamente agitados para mí, me sentía desasosegado y anhelante y me esforzaba por cumplir todas las indicaciones del maestro espiritual que nos recibió, a mí y a otros cuatro. La verdad es que apenas reparé en mis compañeros, y ni siquiera me preguntaba qué motivos les habían conducido a ellos a entrar en una situación tan especial como la que envolvía a todo el grupo. Yo era un joven callado en aquel entonces. Muy joven. Acababa de terminar una insatisfactoria carrera de letras y había entrado en este monasterio un poco porque me pareció fascinante la liturgia de un convento próximo a mi ciudad natal. Debo decir que fue un impulso muy imperfectamente definido. Y que tenía más de complacencia en experimentar aquella situación, aquella asidua dedicación a los trabajos manuales y a la oración, que de experiencia religiosa. Imantados por el silencioso aire del monacato con sus áridas tierras alrededor, sus pelados alcores. Era embriagador al principio, una gran novedad en una vida normalmente joven, agitada y trivial, sin perspectivas de ejercer mi profesión. Procedía yo de una familia católica, me había educado en un colegio de frailes. Había oído hablar del gran silencio. El silencio es el lugar del espíritu, había leído. Me había impresionado la célebre línea de una de las *Elegías*: «Comienza siempre de nuevo la nunca suficientemente alcanzada alabanza». Quizá fuese esta idea de alabanza lo único que de verdad tenía de religioso o religioso/poético mi emoción inicial: la llegada al convento, los meses del postulantado todavía con nuestras ropas civiles, hasta el día de la vestición. En la idea de convertirme en un novicio, y en la idea misma —ligeramente cómica— de la vestición, había mucho de juerga mística por mi parte: un ramalazo teatral. Yo había sido un chico solitario y callado, imaginativo, y quizá también temeroso del mundo que exploraba mentalmente en inconexas aventuras imaginarias.

El primer año del noviciado me encontré con el padre Abel, que vino desde Granada. Me sorprendió entre los monjes de su edad por lo callado que era. Había yo leído unas cosas y otras sobre el sentido de la existencia monástica, semejante a la de los ángeles. Para mí esto era familiar, una imagen derivada de la poesía que más me interesaba. Encontrar ya en la tierra, en la medida de lo posible, al propio ángel y gozar de la visión que este tiene de Dios. Me seducía esta idea del ángel convertido en imagen de la adoración y del amor puro, de la existencia que se transforma en pura alabanza.

Durante meses nos saludábamos sólo con una inclinación de la cabeza o una sonrisa. El recogimiento, los ademanes del silencio, su aura, pueden ejercer mucha más fascinación en una inteligencia y una sensibilidad juveniles, que el más desaforado de los grupos musicales. Uno se deja llevar dulcemente a la observación y a los detalles como si hiciera una minuciosa colección de sellos, de sigilos, de atenciones, de súbitas revelaciones microscópicas: todo esto me pareció encarnado en el ambiente de los primeros dos años de noviciado.

Me acostumbré al silencio, que no era, desde luego, absoluto. Había una dialéctica de contención de la locuacidad. Toda la Regla de san Benito, que nos leían en el refectorio o que nosotros mismos releíamos, estaba impregnada de contención interiorizante. Así, en el capítulo cuarenta y tres se leía: «En el instante en que se oyere la señal para el Oficio divino, dejando lo que tuvieren entre manos, acudirán a él con toda presteza, pero con gravedad, para no dar lugar a la desenvoltura». Estas indicaciones me fascinaban, lo confieso: presteza, con gravedad, para evitar la desenvoltura. La desenvoltura corporal emanaba de mí en todo momento, la agilidad, la habilidad, la fuerza física, el cuerpo joven, vibrante, de señales instantáneas, impulsos contradictorios. Dar rienda suelta a esa soltura había sido en mí natural y, por decirlo de algún modo, naturalmente desmesurado. Controlar ahora tan deliberadamente, en la acción cotidiana, la fogosidad, un cierto descaro espontáneo, inclusive dentro de mi timidez siempre presente, me resultaba gozoso. Cuando uno calla —había leído— la respiración devora la palabra. Controlar la desenvoltura corporal era equivalente al silencio meditativo del cuerpo. Hablar lo menos posible era controlar la voz y de ahí se pasaba, no sin gran dificultad y sólo a pasitos muy cortos y rutinarios, al silencio del pensamiento. El más callado me recordaba, cada vez que le veía más o menos de cerca o de lejos, esta aspiración a entrar en el silencio más profundo de mi ser y de todos mis seres. Reconozco que viví aquellos primeros años con gran ingenuidad y con gran exaltación.

A decir verdad, los primeros años fueron muy arduos y con frecuencia me veía ridículo a mí mismo representando aquel papel de novicio con más intensidad de la debida, como un actor que sobreactúa. Tenía yo entonces la idea, sin embargo, de que sobreactuar no es nunca casual y que siempre o casi siempre es mejor que lo contrario, porque lo contrario es siempre la pasividad: no la sumisión o la obediencia —en que nos ejercitábamos en el convento— sino simplemente un dejar irse los días, un matar el tiempo. En comparación con los compañeros de mi edad, que parecían tener objetivos profesionales definidos de antemano, que querían llegar a ser abogados o ingenieros, yo solo tenía un confuso sentido de implosión emotiva. Un querer llegar a ser algo, fuese lo que fuese. Serlo a la manera grande. Como si el entendimiento humano no se especificase por su objeto sino solo por su voluntad de querer ser. También yo en mi noviciado quise ser diferente y grande, profundo e insondable, exagerado: lo único que conseguía, en verdad, era una sobreactuación: un novicio que representa el papel de novicio en una comedia muy moderna, asimétrica, disonante, entrecortada, una finalidad sin fin, una finalidad estética. Ser grande, ser santo, ser un ejercitante que se aproxima lentamente a lo absoluto como quien lee y lee un enredoso texto de filosofía sin dar con un argumento principal, un tema definido. Así me había sentido al leer *El castillo* de Kafka. El agrimensor no consigue entrevistarse con el señor del castillo, igual que yo no conseguía entrever en aquellas prácticas monásticas nada de Dios, solo mi propia soledad, mi propio silencio, mi vigoroso cuerpo ejercitándose sin finalidad determinada alguna.

—¡Pero está clara la finalidad de tu ejercicio ascético! —comentó mi confesor en una ocasión—. ¡Es evidente que tú quieres ver a Dios, hacer la voluntad de Dios, ahí tienes la finalidad bien clara!

De estas conversaciones salía consolado. Y me consolaba, a la vez, ver cómo los demás compañeros se afanaban silenciosamente en las mismas tareas que yo, sin dar, al menos en apariencia, la impresión de tener dudas o de hacerse demasiadas preguntas.

—Haz lo que haces —me recordaba el confesor— y al hacerlo verás que la significación de tu acción se esboza por sí sola: es como si escribieras la biografía de un personaje histórico, acumularas datos y más datos sobre su vida y su época, sobre sus amistades o sus escritos y, en medio de toda esa acumulación, el personaje se te fuera de las manos, se disolviera, careciera repentinamente de importancia, qué mas da este que otro. Y al revés: a la vez que se disolvía se integraba.

El asunto es que uno quiere ver la significación antes de la acción. La finalidad de la acción antes de la acción misma. Y esto que en un primer sentido obvio es muy natural (¿para qué emprender una acción cuya finalidad no se conoce?) acaba siendo un impedimento, cuando la acción no se justifica ante sí misma a medida que va ejerciéndose.

Tenía yo grandes dificultades para acostumbrarme a las nuevas costumbres: lo cual venía a ser lo mismo que las dificultades que se tienen para acostumbrarse a las maneras de ser de alguien que conocemos desde hace poco tiempo. Deseamos conocerla mejor y para eso, con gran impaciencia, la asaltamos para que nos diga de una vez todo lo que ve en nosotros, todo lo que nosotros vemos en ella. Pero esto es por definición imposible: no pueden verse las cosas reales más que dando vueltas alrededor, por lados. Y para algunas personalidades como la mía esto causaba gran sufrimiento y me hacía sentirme muy culpable.

—¡Tienes que darle tiempo al tiempo! —me dijeron—. ¡Además, tiempo tendrás de dejarlo, de momento solo eres un postulante que ejerces una actividad casi sin compromiso, no tienes que preguntarte por la significación de lo que haces más allá de lo razonable para cualquier ser racional!

En cualquier caso, la imagen de continuidad y sensatez de la vida que veía alrededor mío, la vida de los demás compañeros, la contención —precisamente— de toda sobreactuación, era un constante refuerzo de mi intención inicial, una confirmación de que me hallaba en un camino recto, un camino que me convenía especialmente a mí y que era el mío, mi vocación, como vulgarmente se dice.

Una de las primeras veces que hablé con el padre Abel, coincidimos en la cocina, en el friegaplatos. Él fregaba los platos y yo los secaba e iba disponiéndolos en la rejilla donde después se recogerían y se distribuirían por las mesas. En la Regla se indica explícitamente que el monje nunca hable hasta ser preguntado y este es el grado noveno de la humildad. Así que guardé silencio y sequé los platos con una bayeta húmeda ya en exceso que no secaba ya. Y Abel me dijo:

—¿Estás seguro de que secas los platos o solo los humedeces más aún con esa bayeta empapada?

—Es que no tengo otra —dije yo.

—Hay bayetas secas en el armarito del fondo del refectorio.

Fui a buscar la bayeta. Y cuando volví encontré un montón de platos lavados que había que secar y que fui secando debidamente.

—Entiendo que te va bien, hermano —comentó Abel.

—Me va bien, padre, me alegro de estar aquí. Y más ahora. Pero no sé de qué voy.

—Vas de novicio, novicio.

—Ya, pero no sé de qué voy, ni de qué vas tú, hermano, eso tampoco, aunque te admire.

Y contra todo pronóstico y, sobre todo, contra lo mandado en la Regla, en el décimo grado de la humildad, el padre Abel se echó a reír. Nunca había visto reír a ningún hermano. Y alcé los ojos y le miré a la cara y dije:

—El necio en la risa levanta la voz, padre Abel.

Y el padre volvió a reírse y me dio un golpe en la cabeza. Recuerdo todavía el golpe seco de sus manos fuertes en mi cráneo y la súbita reacción de todo mi cuerpo y mi alma.

—A la vez que te alegras, hermano novicio, seca bien los dichosos platos, que tienes ya una docena sin secar.

Así lo hice y esa fue la primera vez que hablamos. Durante todos los días siguientes solo podía pensar en lo que había pasado. En lo gracioso de aquella rápida conversación.

Era un ambiente cordial. Y yo podía rezar con toda sinceridad con los demás hermanos: «*Dilexi decorem domus tuae et locum habitationis gloriae tuae*». Ese fue un tiempo de exaltación. Era consciente de que en aquella exaltación había una inmanencia irreprimible que me separaba del sentido religioso de todo lo que hacíamos. Pero a la vez, al contrario. Me sentía alegre y confuso. Se me pasaron los meses del noviciado muy deprisa.

Al cabo de un año, el padre Abel nos reunió a Lorenzo, a Pablo y a mí para llevarnos a un convento fundado en los años setenta en Granada. Cuando llegué me impresionó porque no tenía nada que ver con el de Palencia. Esto, realmente, era un convento-cortijo. Construido, eso sí, en la desértica ladera de unos montes que bordean el pueblo de Vélez de Benaudalla.

El convento tiene una huerta atrás. Una media hectárea de huerta en cuesta con bancales de hortalizas. Es media tarde antes de Vísperas. Es una tarde al borde del verano que aún reluce con los rebrillos tenues de la primavera tardía. El padre Raimundo e Ignacio han subido y bajado por la huerta hasta el muro y vuelto a subir y ahora lentamente rodean el bancal de patatas. Ignacio lleva un delgado libro en la mano. Lee en voz alta:

Encontré esta mañana al rey de la mañana,
al príncipe del reino de la luz, al halcón embebido
en el alba moteada, galopando en el aire,
firme embridando el viento en las alturas. [...]
Mi corazón se alegra por un pájaro:
todo maestría y destreza.
Tosca hermosura y valor y hacer, aire, orgullo, plumaje
embridados aquí. Pero el fuego que en ti salta,
mi Señor, es mil veces más bello y peligroso.

Ignacio se ha detenido y observa de reojo al padre Raimundo.

—¿Qué te parece? Es «El halcón», de Hopkins, dedicado a Cristo Nuestro Señor.

—Me parece impresionante.

—¿De verdad? ¿Qué crees tú que quiere decir Hopkins con esa comparación? ¿Te parece equiparable la belleza sensible, visible del halcón en vuelo con el Señor, mil veces más bello y peligroso? Sin duda el Señor no es más bello que un halcón porque no es visible de ninguna manera. Acuérdate, hermano, del texto latino: *«Pulchrum est quod visum placet»*. Bello es lo que complace a la vista. El Señor es invisible.

—No en nuestros corazones, hermano. El Señor arde en nuestro corazón. Nos vuelve ardientes, compasivos, amables, inteligentes. En el halcón que vuela resplandece el Señor, que vuela invisible.

—Por consiguiente, no le vemos.

—No, pero sentimos sus efectos en el corazón. Y ese efecto, esa visión interior es mil veces más bella, dice tu poeta, que la visión de un halcón planeando en el aire.

—Naturalmente, hermano. ¿Cómo no voy a estar de acuerdo? El halcón es una imagen sensible de Cristo Nuestro Señor, es una analogía de proporcionalidad impropia, ¿no se dice así? Es una metáfora. Sin embargo, para cualquiera que no tuviese las claves cristianas que tú y yo tenemos la palabra «Señor» o la expresión «Cristo Nuestro Señor» no le remitiría a nada. Un chino no entendería la comparación. Esta comparación es comprensible dentro de nuestro contexto cristiano.

—Eso es verdad, estamos los dos dentro de un

..smo contexto, dentro de un mismo sistema de significados. Lo que sorprende en tu poeta es la viveza de la comparación. La vivacidad, la repentina quiebra propia de un halcón bellísimo desde los mil metros hasta el suelo, una quiebra absoluta, desde el halcón hay un tajo de mil metros y aparece el Señor, es una gran audacia.

—¿Cómo explicas, si este texto te gusta, que el maestro de novicios prohibiera escribir a Hopkins cuando entró en los jesuitas? Solo podía escribir con permiso de sus superiores. ¿Cómo explicas tú eso?

—Quizá sea fácil explicar eso aquí donde estamos, en este monasterio consagrado a la oración y al silencio. La palabra literaria, la palabra humana sin más, se encuentra aquí vigilada por el silencio, cercada por el silencio, clausurada para que no llene el borbotón del alma, del corazón o de la inteligencia de imágenes y emociones distintas al gran silencio, al gran vacío, a la gran noche purgativa donde Dios, de algún modo, se muestra. Hay que pasar por el vacío y el vaciamiento del yo para dar con un yo que, según nos dicen, es más interior a cada cual de lo que cada cual lo es a sí mismo.

Suena la campana de Vísperas y los dos monjes contemplan por última vez el macizo de petunias y la atardecida que resbala por detrás de los cipreses y de los abedules dejando como un vaciamiento en el aire, una impresión de despedida y de recogimiento. El monje mayor le dice al joven:

—*Mane nobiscum domine quoniam advesperascit*: quédate con nosotros, Señor, porque atardece.

Así sea, hermano.

—Da más paz y es de mayor santidad, hermano Raimundo, no ser célebres. ¿A que sí?

El hermano Raimundo sonríe y comenta guasonamente:

—Tú ibas a ser una celebridad literaria. ¿Estás seguro de que no estarías más tranquilo ahora siéndolo que no siéndolo, como no lo eres?

—Hubiera sido una celebridad menor. Esa cursilería que llaman letraherido. La verdad es que no sacrifiqué gran cosa.

—Diste lo que tenías. Eso es suficiente. Dar lo que se tiene es suficiente. Y lo que tú tenías era ilusiones, la convicción de que tus textos eran originales, que tu visión del mundo era vigorosa y renunciaste a expresar eso, no sólo a no publicarlo sino, sencillamente, a expresarlo.

—Lo que yo quería hacer era poesía pura. Y raramente la poesía pura es un método utilizable para la gloria de Dios. Podemos descontar algunos casos excepcionales que no es el mío.

—Tú te lo dices todo, hermano Ignacio. Es cierto que la literatura se hace y se publica para mayor gloria del autor. Para entrar en la feria de las vanidades. Publicar es un impulso en gran medida de vanidad, en eso estamos de acuerdo. También es entrar en un diálogo con los contemporáneos. Pero nosotros queremos entrar en un diálogo con Dios, con nosotros mismos, a través de textos específicamente religiosos, por eso miramos con desconfianza los elogios del escribir que se hacen en nombre de una explicación del mundo valedera para todos. No acaba de ser del todo cierto que escribir sea una experiencia comunicativa completa, puede serlo o no, a contrapelo de lo que el propio autor quería hacer. Realmente nos son más útiles las obras escritas que la relación con los escritores que las escribieron, quizá.

—No te desvíes, que yo empecé hablando de paz y, ciertamente, nadie quiere la paz fuera de aquí y ningún presupuesto pacífico serviría para vivir fuera de aquí: la palabra de moda en todos estos años ha sido competitividad. El elogio continuo de esa palabra y de todo el mundo intencional que lleva detrás fue una de las cosas que me inclinó a meterme en este convento. Competitividad ¿para qué? Ganar ¿para qué? Aquí tengo la paz, la facilidad y la paz de no querer ya nada. Lo que me atrajo del convento fue la posibilidad de decapitar la insaciabilidad que yo sentía. Aquí, ahora, no deseo los deseos: no deseo tomar una copa, no deseo tomar un helado, no deseo tener relaciones sexuales tan vehementemente como lo deseaba cuando estaba fuera, porque vivo en suspensión, estoy atento a un interior cuyo contenido con frecuencia se me escapa pero la intención inicial, la intención de poner el mundo entre paréntesis, me sirve para hacerme la vida más sosegada.

—Pero eso es banal, hermano. Es la huida del mundo, sin más. Y, en cierto modo, demuestra que tienes un alma temerosa, temerosa de Dios, temerosa del mundo. Vives encogido y en paz. Pero ese no es el camino de la santidad, ese es el camino de la anulación de la voluntad. Órdenes como fueron los jesuitas u hoy en día el Opus Dei, no han huido del mundo sino que al contrario han estado siempre en medio del mundo. Nosotros somos los raros, hermano Ignacio, los especialitos. Nuestro carisma es raro. Especial y discutible. Mucha gente, buena gente, nos llamaría, sin más, extravagantes, excéntricos, estamos aquí porque no hemos hallado un sitio más raro donde situarnos, el último esnobismo es el convento. Aquí ves la perpetua película de ti mismo ascendiendo hacia una cumbre de paz y santidad. Y esa película te favorece, sales guapo ahí.

—¡Hermano Raimundo, te has puesto contra mí!

—Ya sabes que no, pero un repaso a los motivos de nuestra vocación no nos viene mal a ninguno de los dos. Si no lo hiciéramos correríamos el riesgo de considerarnos puros o perfectos, que como sabes es uno de los riesgos de los hombres espirituales. De un lado estamos nosotros, los puros, los abnegados, los dejados, y del otro toda la chusma de los mortales que no han buscado a Dios y que se las arreglan como pueden. Nosotros no queremos separarnos de nadie al dejarlo todo ahí afuera. No queremos parecer mejores ni creemos que podamos sin más serlo o llegar a serlo, no sin la ayuda de Dios. Y aquí entramos en el lado más enigmático de nuestra existencia: la relación con Dios.

Fue entre Vísperas y Completas. Se supo con estupor durante la cena. El hermano Abel era de la quinta del hermano Raimundo, entrado en los sesenta. Lo contó el señor Miguel, el pastor, que a esa hora ordeñaba las ovejas. Sus vigorosas manos, sarmentosas, sacaban la leche como a presión de las ubres de las ovejas. Sonaba el chorro contra el cubo metálico. El pastor se sentaba en un taburete entre las ovejas apretujadas y las arrastraba por las patas, las sujetaba fuerte por las ubres. Balaban y se dejaban ordeñar. El pastor hundía la cabeza en el lomo de cada oveja. Las cagarrutas caían en la leche, que cobraba un color acanelado. El largo colgadizo estaba atrás, daba al corral que comunica las cocinas con la hospedería y las cocheras. Le vio colgando de la viga. Reconoció la soga lo primero. Era una soga fuerte, del propio señor Miguel, que la tenía enrollada en una división de los corralillos. Teleras. Había echado la soga subiéndose, posiblemente, en una telera contra la pared. La viga no quedaba muy alta, menos de dos metros. Eran teleras de cuatro travesaños. La que usó quedó apoyada en la pared del fondo.

Tardó en verlo Miguel, porque ese lado queda en un rincón donde se apartaban los lechales. Le bajó Miguel, desanudando el nudo de la viga. Se desplomó como un saco. Era un fraile huesudo, un monje más entre los otros de esa misma edad, casi indiscernible entre todos. Miguel encontró la carta dirigida al hermano Ignacio. Fue a buscar, lo primero, al padre prior, que se levantó de la mesa cuando le avisaron y habló con Miguel en la antecocina del comedor del monasterio. La nota decía:

> Esto es, hermano Ignacio, un ejemplo
> y un fruto auténtico de la mismidad impía,
> que dice tu poeta. Yo sólo he llegado a esa.
> Te deseo mejor suerte.

Hubo en el convento un gran revuelo silenciado en torno al levantamiento del cadáver, el funeral, el entierro en el cementerio conventual. Se consideró que se trataba de un trastorno mental repentino y que no era suicidio.

—El hermano Abel —declaró el prior— ha sufrido una de esas terribles conmociones que nuestra naturaleza psicosomática sufre a veces y que nos vuelve tristemente inconscientes de nuestros actos. Nosotros creemos que la muerte del hermano Abel es un accidente y que ahora está tranquilo en el seno de Cristo. Entre nosotros sólo cabe encomendarle a Dios, encomendarle a Dios tendrá para nosotros dos partes, una primera que es encomendarle a Dios en nuestras oraciones diarias, pensar en él en Dios, y una segunda que consistirá en no hablar de él trivialmente entre nosotros. En esto todos vosotros debéis, como hombres consagrados al Señor y como monjes, ser especialmente cuidadosos, no sólo evitar las habladurías, sino también las habladurías del corazón acerca de lo ocurrido con el hermano Abel. Entra dentro del sentido del misterio encomendarle a Dios y se pierde el sentido del misterio hablándolo. Su muerte es para nosotros parte del misterio.

El prior no hizo referencia a la nota del hermano, que, sin embargo, sí leyó Ignacio. Todos supieron de la nota acerca de la cual inevitablemente pensaron, más o menos involuntariamente la mayoría, porque si había habido una última nota era difícil considerar aquella muerte como una muerte accidental, era imposible evitar pensar que la había buscado o deseado el hermano de alguna manera. No se podía, por otra parte, pensar que esta muerte no fuese para Dios también, como todas las demás, por desorbitada que pareciese a nuestros ojos humanos.

El hermano Ignacio no pudo evitar recordar el texto de Hopkins, tomado, por supuesto, fuera de contexto y, encima, alterando, casi sin querer, la última línea:

«¡Ah!, era un corazón recto, un ojo sencillo, leyó la aterradora noche informe y supo el quién y el porqué».

La versión del hermano Ignacio consistía en no poder no pensar la última línea invertida: «y no supo el quién y el porqué». ¿Puede un corazón recto y un ojo sencillo leer tan mal el significado de la propia vida, de la vida de la comunidad, del misterio del amor divino? ¿Puede el silencio de Dios ser a la vez tan profundo y alejador que el desalejamiento sea imposible? No hacía mucho, al fin y al cabo, que Ignacio declaró, hablando con el hermano Raimundo, la belleza y la peligrosidad del Señor. Tanto en aquella ocasión reciente como ahora, se refería a la conocida frase que destellaba con frecuencia en su conciencia:

«El ser es lo más familiar y al mismo tiempo el abismo. La belleza es lo más familiar y al mismo tiempo el abismo.» El hermano Ignacio tenía motivos personales para entender mejor que el resto de los monjes estas frases aplicadas al caso del hermano Abel.

—Hay que dejarlo estar, hermano —declaró Raimundo, mientras ambos daban su breve paseo antes de Vísperas—. Tenemos que sobreponernos y no balancearnos de una suposición a otra, de un deseo piadoso a otro, de un recuerdo a otro, de un porqué a otro, en este caso concreto.

—Así debe ser, hermano —respondió Ignacio—, pero a la vez es imposible, no puedo liberarme, por más que lo intente, de una inmensa tristeza, de una inmensa incomprensión por mi parte, que gira violentamente sobre sí como un tornado y que a veces es empatía con el hermano Abel y a veces al contrario, antipatía y desapego, y que vuelve a empezar otra vez como ternura, como censura, como deseo de olvido, como esfuerzo ascético por aceptar las recomendaciones del prior, como rebelión contra las palabras del prior, como duelo por el hermano Abel, que ahora me parece un duelo sin partes e inextinguible e informe.

—Te entiendo muy bien, Ignacio. Recemos juntos una vez más: «Quédate con nosotros, Señor, porque atardece».

Mientras se encaminaban a la capilla, se diluía el sol aurificando el monasterio y los abedules. El tintineo de los álamos blancos, entre el trinar aurificado del recogimiento de todos los pájaros a esa hora. Los últimos vencejos chiando al entrecruzarse en lo alto de las dos espadañas, la de la campana y la de la cruz, trajeron a la memoria de Ignacio, una vez más, frases de otra conversación, lejanísima de pronto:

—Vivimos en un estado de excepción, en este espacio reducido, en este tiempo reducido, hermano. A veces me parece como un tiempo de prórroga en un partido empatado, siempre es el último cuarto de hora. Regateamos esforzadamente durante todo el partido, regateamos y chutamos a gol, erramos. Nuestra errancia es disonante en esta desconfianza irreprimible en cuyo interior nos elevamos a Dios y nos caemos de Dios como ciruelas maduras, aplastadas, pisadas, asediadas por las últimas abejas en el sendero de la huerta. Es un estado de excepción y un tiempo reducido, hermano Ignacio.

La voz de Abel, su tono de voz, estaba nítidamente ahí como un campaneo que convoca a la oración y que cesa. El fraseo no era exacto del todo, era —pensó Ignacio— demasiado elocuente y doliente. Era un fraseo de oración fúnebre, de exequias, solemne y, de algún modo, falsificado, poético y, de algún modo, inauténtico. Expresivo y, de algún modo, inexpresivo y prosaico. La voz del hermano Abel era apagada en las conversaciones, afinada, hecha al gregoriano, pero siempre más baja, más arenosa y pegadiza que otras voces. No era la voz de un orador elocuente. Al reoírla ahora, el tono y el contenido se rehuían por sí solos, como atardeceres. Se desenhebraban inaudibles e intransitables quizá como la cabecita de oro de una aguja de repasar. Eran frases no continuadas y no argumentadas, como si la lucidez de Abel fuese equivalente al eliotiano «*On Margate Sands. / I can connect / Nothing with nothing*».

Su muerte —había dicho el prior— es para nosotros parte del misterio de Dios. Era esto, más o menos —recordaba Ignacio— y también lo otro: entra dentro del sentido del misterio encomendarle a Dios y se pierde el sentido del misterio hablándolo. A Ignacio le pareció que, en su afán de reglamentar lo ocurrido, el prior se había quedado corto. Incluso sin hablar de lo ocurrido con nadie, ni siquiera con Raimundo, resultaba imposible no representarse una y otra vez la vida del padre Abel. Una vida que incluía ahora una muerte específica (la idea de la muerte accidental solo valía para despistar a los simples: la idea de un súbito trastorno de los neurotransmisores). El caso era que todo lo relativo a Abel (al hundirse este en su muerte, en ese hiperpasado que corresponde a los difuntos) se había vuelto representación. Y lo característico del representar es que es cosa de la libertad. Representar —dice Husserl— es un libre recorrer. Representarse una y otra vez la vida, la muerte de Abel, era, para Ignacio, una opción de su libertad. No quería no representárselo ante sí mismo. Hubo en esto una explosión de rebeldía como jamás Ignacio había sentido desde que entró en el convento. Lo que se les había recomendado, el no hablarlo, ni siquiera con su maestro espiritual, con Raimundo, era sensato. El propio Raimundo a pesar de su humor guasón y reservado, a pesar de la impasibilidad fisiognómica que había alcanzado con años y años de monacato, cambiaba de cara, al rozar ese asunto. Y era imposible no rozarlo por más que se hubiese procedido con una eficacia y un silencio sepulcral. Claustral. Había dos momentos en que la representación se transformaba en percepción inmediata: uno sacro y otro profano. El sacro tenía lugar al encomendarle a Dios en el memento de difuntos de la misa. El profano tenía lugar en el refectorio el día que tocaba potaje de garbanzos. Cuando Abel estaba en el servicio de cocina este potaje salía exquisito. Era una cuestión de punto y tiempo de cocción. Normalmente los potajes conventuales era nutritivos pero sin gracia. Los garbanzos bailaban en un líquido viscoso sin trabar, un salsirimoje. Ignacio no podía contener las lágrimas, las primeras de su vida, al introducir a Abel en el memento y recordar en plural, en latín: «*Qui nos praecesserunt cum signo fidei, et dormiunt in somno pacis*». El asunto es que esto podía decirse: el plural *famulorum famularumque tuarum* podía utilizarse, sí, pero quedaba descompuesto al introducir el nombre propio del padre Abel. A lo largo de las semanas que siguieron al veloz funeral, Ignacio observó de reojo a los otros hermanos para ver si ellos también se conmovían llegado ese instante. Era difícil saber lo que pasaba por las cabezas de los siervos de Dios con sus manos juntas, su inclinación y su recogimiento protocolarios. Solo se me ha muerto a mí —llegó a decir, escandalizado de sí mismo, Ignacio—. Y, sí, había entre los más jóvenes al menos, Pablo y Lorenzo, una visible sensación de impostura, un incómodo silencio al no haber habido levantamiento del cadáver ante un juez ni presencia de la policía. El médico de Vélez certificó que se trataba de muerte accidental, un fulminante ataque cerebral. Pero la ocurrencia de que no había habido accidentalidad ninguna cundió en silencio entre todos ellos como una gripe. El esfuerzo por negar la sospecha de suicidio producía un raro estrépito carcelario en las ritualizadas maneras de la comunidad. Una cosa es obedecer y aceptar que lo ocurrido ocurrió como lo contó el prior y otra creérselo. Evidencias víricas de que había sucedido justo lo contrario infectaron a todos —eso al menos le parecía evidente a Ignacio.

Estaba nuestra vida tan pautada que todos nos fuimos volviendo con los años más corteses los unos con los otros. La Regla de san Benito, que más o menos seguía vigente en nuestra comunidad, tiene un fondo de severidad elegante, un buen tono que nos reeducaba a todos, también en superficie, en las maneras. Trabajar el campo, rezar y convivir más o menos en silencio durante años, refina las innobles maneras de la juventud de este tiempo. Así que se facilitaba la vida en común, no nos hacíamos esperar, había menos envidias, casi no sentíamos celos porque nuestros afectos, al disponer de un objeto inmanente tan puro aunque distante y tan preciso aunque borroso, como es Dios, se desviaban casi automáticamente de las ordinarias expectativas del yo. Esto hacía que mi conciencia experimentara con relativa frecuencia gran paz: no teníamos (o yo al menos no sentía) penas de amor o de ausencia, excepto en lo divino. Vivíamos una vida noble y la comunidad tenía un aspecto laborioso y noble: concentrado, laborioso y noble. Y las habilidades que trajimos de la calle —la carpintería, la enfermería, el cuidado de los enfermos, la albañilería, el laboreo agropecuario, el dar clases de apoyo a los chiquillos del pueblo que quedaba a unos diez kilómetros del convento, no lejos de Vélez de Benaudalla, cerca del caserío de la Gorgoracha— las desarrollamos mucho en el convento todos, menos la que en concreto traje yo y mis dos hermanos mayores: el escribir. Eso lo dejamos a un lado para rezar y aprender a labrar los arroyos de patatas. Creo que yo mismo regresé a una cierta ingenuidad en la acepción de personas que tuve de crío y perdí luego con la vida universitaria y estudiantil. Me refiero a que cuando era chico la gente me parecía increíble: que un hombre que era —creo recordar— el marido de una prima de mi padre, y que fumaba con boquilla, me parecía increíble, fascinante. Eso lo perdí y de algún modo lo recuperé en el convento.

Esta ingenuidad recuperada de Ignacio tuvo mucho que ver con el duelo. Descubrió que no podía vivir el duelo dando tiempo al tiempo, aceptando el curso amortiguador del tiempo inmanente objetivo. No podía ser ahora ingenuo con la muerte del padre Abel por una parte y, por otra, al haber vuelto por obra de la nobleza de la comunidad, a su ingenuidad inicial, no podían no parecerle increíbles los increíbles hermanos mayores que había conocido, uno de los cuales, Abel, acababa de quitarse la vida. La ingenuidad recobrada funcionaba contradictoriamente ahora, queriendo que lo sucedido no hubiese sucedido y, a la vez, viéndose incapaz de consolarse, incapaz de no representarse una y otra vez lo que había sido la vida de Abel y lo que hubiera podido ser de no habérsela quitado. Y recordaba, avergonzado, la línea de Rilke: «Esto es mezquino, pensar lo que no fue». Y lo cierto es que daba vueltas y más vueltas a lo que pudo ser y no fue y lloraba por el pasado que no había dejado de ser una modificación del ahora, del futuro: un vacío que le agujereaba y vaciaba y le trababa en la oración y el trabajo.

Atónitos. Todos se habían quedado así. Las horas conventuales, las horas litúrgicas, se preservaron, como es natural, intactas. Lo inédito en este duelo fue la imposibilidad en que todos se vieron de efectuar la apropiada suspensión de la incredulidad ante la interpretación del desdichado asunto del padre Abel. Los breves paseos, pues, que daban por la huerta Ignacio y Raimundo, se entrecortaron o se suspendieron sin que ninguno de los dos mencionara al otro que era consciente de esa suspensión. Estos paseos tan breves, antes de Vísperas, de pronto les parecieron a ambos interminables, porque, al verse obligados a eludir hablar de la muerte de Abel, con todo y con ser sólo un pequeño distanciamiento, vaciaron las conversaciones de los dos, las precedentes, las que determinaban un antes que era como una gran boca dentada, afilada. Para no parlotear, evitaban a la vez hablar. Lo ocurrido vaciaba de contenido las conversaciones de los dos. Esta tarde, sin embargo, coincidieron en el claustro un cuarto de hora antes de Vísperas. Y pasearon en silencio juntos. Hasta que por fin Ignacio dijo:

—Bueno, a la vista está que no somos héroes ni santos. Y yo casi ni monje. No habiendo hecho aún ni los votos temporales…

—¿Y bien? —comentó Raimundo—. ¿Y qué es lo que, según tú, a la vista está que sí que somos?

—A la vista está que somos frágiles —dijo Ignacio.

—Y mortales —añadió Raimundo secamente.

—Decir eso viene a ser como no decir nada.

—Desde luego —comentó Raimundo—. Sólo que frágiles y mortales a la vista está que somos.

—También somos siervos de Dios —dijo Ignacio, y añadió—: En estos años me he ido haciendo a usar esta expresión: siervos de Dios, siervo, sirviente, servicial, servicio. Odiaba esa expresión tan litúrgica o más que hijos de Dios, siervos de Dios. Me parecía que mediante esa expresión, siervo, o servicio divino, convertíamos al Señor en un déspota, un tirano incomprensible a cuyo servicio estamos en este convento, en esta plaza...

—Somos libres y a la vez estamos en manos de Dios. Fuera de aquí se suele formular de otra manera: se dice: libres y sujetos al azar, a la causalidad, la suerte. Todo eso que se dice, cuando se dice en serio, viene a ser lo mismo que estar en manos de Dios. Tú sabes esto igual que yo, Ignacio. También yo, aunque no lo parezca, estoy agitado estos días. Dejado de la mano de Dios. No como los *dejaos* aquellos, los molinistas, sino mucho peor, mucho menos santamente, mucho más estúpidamente. Me siento abandonado por Dios. De pronto Dios quebranta su propio protocolo, su propia cortesía. Y todos los sirvientes de su corte, todo a lo largo de la jerarquía, sufrimos el quebranto por igual, el Dios quebrantahuesos.

Atónitos, por supuesto, todos los hermanos de la comunidad a la vez. (Simultaneidad esta que, curiosamente, de pronto apareció como un *pre-a la vez,* como si lo de Abel se hubiese un poco ya pre-visto.) Sí, se sintió un alivio funerario, como una convalecencia del ahorcarse y, sobre todo, del haberse ahorcado, al fin y al cabo, sólo uno en vez de todos a la vez en una repentina protensión de la comunidad entera. Todo lo cual, no obstante chusco, resultaba, al verles en comunidad en la recreación o en el refectorio durante las semanas que subsiguieron a la muerte y al duelo, menos descabellado de lo que parece. Como si lo mayor del duelo (el puro vacío que después, despacio, se corrompe) se hubiese confiado sólo a uno o dos, los más amigos, y también, sin duda, al propio prior. Y los demás sólo se estuvieran reponiendo en los camastros de la enfermería, un edificio nuevo, de dos plantas, con su patio propio y una recientemente añadida fuentecilla que fluía día y noche. Sobreponiéndose, en verdad, como es debido, todos ellos, como está mandado. De hecho eso fue lo que el prior mandó que hicieran al darles la noticia en términos de fallecimiento accidental: les mandó que no lo hablaran, que se lo dejaran a Dios, que se sobrepusieran. Y así se hizo. Faltaría más.

Doña Mariana de Mansilla y Laerte, condesa viuda de la Vela, acudía con regularidad a los oficios divinos. Se alojaba en la hospedería en compañía, casi siempre, de Margareta, la adoptada austriaca en el 47 con seis años: cuando se supo todo lo ocurrido, cómo los bombardeos aliados diezmaron a las familias católicas austriacas. Margareta fue bellísima de niña. No era muy alta. Era una niña rubia, muy dulce a los ocho años, que cantaba la Salve latina con un fuerte acento austriaco al principio y que después se adaptó como un guante a la devota, pero también agitada, vida multimillonaria de los Laerte. Que se puso de largo a la vez que doña Mariana, las dos igual vestidas. Siempre se recuerda que el baile de las debutantes que se dio en el Tenis, lo presidió la propia doña Carmen: y que asistieron ministros azules, por lo menos uno, y un obispo. Y así siguieron las dos toda la vida viajando juntas, yendo juntas a los sitios, doña Mariana y doña Margareta, a quien pronto llamaron los españoles doña Margareta. E iban con frecuencia a visitar este convento, que las traía el chófer, sólo diez años, a la sazón, más joven que las dos, directamente desde el Parador de La Alhambra al convento.

Tenía doña Mariana este punto abacial, un atractivo supersustancial, que en cambio el padre prior tenía en bien poco. Es más, solía enervarle: todo lo contrario Margareta, que a todos encantaba y persuadía de la propiedad y oportunidad de la vida monástica hoy en día.

En el mundo, habíase el padre prior llamado José María (Josefo) Labordieu Cabeza del Val. Y fue un chico guapo en los cincuenta en el Madrid aquel donde emergían el Opus y los Kikos, a la par en pos del Dios del cielo y reconquista del mundo temporal para Jesús, llamado el Cristo: fueron los tiempos de espiritualidad laical, de la teología del laicado del padre Congar, de los hermanitos de Jesús, de los curas obreros y del elogio de la liturgia preconciliar que dio lugar, entre mil cosas más, a la bella capilla del Aquinas con su Virgen románica en el ángulo de los paneles de madera. Entonces fueron las misas *coram populo* y la sustitución de las casullas decimonónicas por las casullas góticas. Acababa de acabarse la guerra mundial y acababa de acabarse nuestra guerra civil. Y se leía *La Espera*, de José María Valverde y sus *Versos del Domingo*. En aquel tiempo escribía Leopoldo Panero: «¡El más pequeño/minuto del vivir en Dios empieza!». Y: «Estoy solo, Señor. Respiro a ciegas/el olor virginal de Tu palabra/y empiezo a comprender mi propia muerte;/mi angustia original, mi Dios salobre». Fue el tiempo, arrumbado ahora, de Lilí Álvarez y las conversaciones de Gredos. Y entre los muchos que hubo, hubo el ahora padre prior, el Josefo, y doña Mariana de Mansilla y Laerte todavía soltera, riquísima ya entonces por parte de su madre, con el *allure* de los litúrgicos cincuenta. De ahí vino la gran amistad que ahora enerva al padre prior. Los años, pues, pasaron con su viscosa mierda y muerte. Josefo se salió del mundo y se marchó al convento. Y doña Mariana se casó con el conde de la Vela, repeinado con la gomina de aquel tiempo y el requilorio prebélico de las bodas de los años treinta en los Jerónimos. Fueron, en el subsuelo, los años del amor sin hilos. Pero en el entresuelo y en todos los grandes pisos de Espalter y de Serrano y de la calle de Velázquez y los chalets del Viso, hubo una como vida espiritual imitada del catolicismo literario francés de la época, los novelistas católicos ingleses y franceses. No exento de energía espiritual todo ese mundillo madrileño, acabó definiéndose a favor o, subrepticiamente, en contra de la dura ascética cristiana que contenía un resplandor remoto de espiritualidad nonata que podía leerse no sólo en los lejanos textos de los Padres Orientales, sino también en los cercanos textos esotéricos del *Naturaleza, Historia, Dios* del primer Zubiri y su admirable artículo acerca de la deificación en la teología paulina. Josefo decidió que él se embarcaría en esta audacia, en esta grande y peligrosa belleza de la acción espiritual. En fin, razonable o no, encaminado o desencaminado, se fue al convento. Y dejó ahí de ver venir al guapo Lucifer, aquel brillante arcángel que toreaba, suicida, como Joselito.

De todo lo anterior se sigue que las visitas de doña Mariana, acompañada de Margareta o sola, al convento de la Gorgoracha no fueran del gusto del prior. Y mucho menos hoy. En este ahora inopinado repentinamente cruel, dominado hasta los tuétanos por el ahorcamiento del más dulce, delicado y convincente de todos los hermanos de la comunidad, el padre Abel, el hermano, sin embargo, que se impacientó y dio la espalda al Dios vivo, al mismo a quien, durante años y años, a solas y en la oración común, se había encomendado. El prior no lo entendía, siguió sin entender lo sucedido un mes después, y la repentina reaparición de la condesa de la Vela y de su adlátere fue hiriente. ¡Qué diablos vienen a buscar! No hay nada aquí que ver, solo miseria, pensó el prior para sus adentros, al saludarlas como de costumbre, amablemente, e invitarlas a sentarse en la parte sombreada del claustro donde solía llevar a las visitas a fin de hacerles ver, sin mediar palabra, la espiritualidad físicamente visible de aquel claustro y aquellos cipreses y acacias que habían crecido de la greda amarga, últimamente de la lava del volcán, que dejó láminas grises en la costa, placas tectónicas y rebabas molidas en el interior de la provincia.

Doña Mariana era lo contrario de indiscreta. Como queda dicho, era abacial. Más abacial, si cabe, que el propio padre prior, con aquellos zapatos de tacón bajo y aquel vestido de seda abotonado hasta el cuello y enramado en negro y blanco. Imposible ser más claramente distinguida y no chismosa. E imposible ser más reumática y más envejecida que Margareta con poco más de setenta años, habiendo sido guapa como fue y siendo ahora equivalente al gris volcánico de las pendientes y costanillas que rodeaban el convento. El prior presintió que una vez consumidos todos los tópicos relativos al tiempo atmosférico y a las facilidades que hoy en día proporciona al viajero el Ave Madrid-Málaga, la charla recaería en un hiato, como en un bostezo, y saldría el tema del hermano Abel como un eccema.

Lo que el prior presentía que había de ocurrir, de sobra sabía que no iba a decirse bruscamente. El estilo conversacional de doña Mariana —como por otra parte el del propio prior— tenía un alza oficial, mundana y eclesial al mismo tiempo, que impedía dejar ver a las claras el asunto que primariamente ocupaba a los interlocutores. Para eso estaba el alza, el tono oficial, que incluía un mutuo preguntar por conocidos y parientes, hacer un poco de conversación banal.

—¡Aquí se está tan bien, al aire libre y a la vez tan recogidos! De verdad que esto me encanta —declara, por fin, doña Mariana.

—¡A mí también! —asegura Margareta.

—A todos nos encanta este lugar —prosigue la condesa de la Vela—, este convento tan del sur, con este aire un poco de cortijo y de convento rehabilitado. En fin, fue una suerte que tuviéramos un sitio así, que por cierto fuiste tú, Josefo, quien dio la idea al obispo y a todos los demás. Qué voy yo a contarte.

—¡Así es, así fue. Tuvimos suerte! Además de tu generosidad proverbial, Mariana, que nos regaló la finca.

El prior fijó la vista en un laurel que tenía al lado de su asiento. Este laurel, por cierto, con su maceta, sus macetas (porque hubo que trasplantarlo varias veces) fue un regalo de doña Mariana. En cocina echaban a veces sus hojas secas a los guisos.

Los tres permanecen en silencio un buen rato. El tema saldrá de un momento a otro, piensa el prior, y decide que lo traerá a colación él mismo si tarda en salir, para acabar con ello de una vez. Examina el perfil de la condesa: un perfil más atractivo ahora, de mayor, que de joven, con aquella nariz larga y sus labios severos.

—Todo fue —declara meditativa doña Mariana— aéreo como el encanto de este sitio. ¿No te parece a ti también, Josefo, que fue aéreo? El aire y los sueños.

—Quizá sí —asiente el prior—. Aunque el paisaje en torno nuestro es más bien terrenal que aéreo, yo diría. Tierra empujada desde los subsuelos de esta provincia. Aéreo quizá sólo parezca serlo a estas horas este humilde claustro, que se parece, como tú dices, es verdad, al patio de un cortijo.

—¡Este encanto tan vuestro, tan español, de las paredes blancas! —comenta, como entre sí, Margareta.

—Admite, Josefo, que lo vuestro fue en gran medida un re-encantamiento religioso —dice la condesa.

—Yo no lo veo así, querida.

—¡No. Ni yo. Yo tampoco! —exclama Margareta.

—¡¿Cómo que no?! —exclama doña Mariana, abacial una vez más, dirigiéndose, alternativamente, a sus dos compañeros—. Tuvisteis un momento fuerte, preconciliar, ¿qué me vas a contar? Y otro, todavía más fuerte, posconciliar. Fuisteis la Iglesia orante, enclaustrada y orante, del gran teatro global de Juan Pablo II. Y ahora, qué. ¡Y encima ahora, esto! Ahora encima en la picota, precisamente vosotros. En los papeles, en los medios. No hay columnista de chichinabo que no haya dado su opinión. Todos la han dado, y es lógico. ¿Tienes algo que decirme, o no?

—Mariana, desbarras. Aquí no entran periódicos ni medios. No entra nadie, no sale nadie. «He visto sólo una ciudad por dentro/fuera no hay nadie.»

—¡Que te crees tú eso!

—Mariana, querida mía. Si, como tú dices, tuviera algo que contarte o creyera que tenía que contarte algo, te hubiera llamado por teléfono, te hubiera ido a ver, estaría fuera de aquí. Aquí no hay nada que contar, estamos en silencio. ¿No lo ves?

Permanecen en silencio los tres. La luz de Pentecostés entre el segundo y el cuarto domingo de Pentecostés, se ha templado ahora con la caída de la tarde. Dentro de nada el prior se levantará para ir a Vísperas. La luz tenue y nítida, la pulcritud del cielo azul, rebota tenue en la pared jalbegada. Les envuelve como el don de una elocuencia inaccesible. El prior sabe que ha estado violento, agresivo, desagradable, irritable. Tiene que decir algo amable a Mariana y a Margareta.

—Perdonadme las dos. Supongo que os quedaréis a la oración. «No pierdas, Señor, mi alma con los impíos.» No lo digo por vosotras. Lo digo porque también yo estoy desolado y me cuesta estos días cantar las alabanzas del Señor. Eso es todo lo que hay que contar, Mariana. Nuestras pobres almas, que no pueden vivir la gloria de Dios aunque la vean, aunque tengan su gracia. Porque en todas nuestras manos, también en las mías, a veces parece también que no hay más que crimen. Y nuestra mano derecha parece a veces que nos engaña con engaños de mayor tamaño que las verdades resplandecientes. Los engaños nos engañan porque son evidencias vehementes que no podemos negar ni contradecir. Estamos en manos de Dios, hermanas.

Acompaña a las dos amigas a la puerta y hasta el coche. Es un hombre alto que, a pesar de sus años, próximo a los sesenta y cinco, se mueve con agilidad y con gracia.

—Nos es muy grato hablar contigo, padre prior, siempre —dice Margareta al despedirse.

—Nosotras estamos contigo, Josefo, de sobra lo sabes —concluye doña Mariana de Mansilla y Laerte.

«Concédenos, Señor —reza el prior—, concédenos, Señor, que sepamos reprimir la malicia de nuestra voluntad y cumplir en todo la rectitud de vuestros preceptos.» El prior rumiaba esta oración desde que le anunciaron esa misma mañana que por fin Raimundo había aceptado la visita de un periodista del TG7, un periodista granadino de la televisión pública que había llamado veinte veces. El asunto no es, pensó el prior, lo de saber mejor o peor reprimir la malicia de nuestra voluntad. Decidió que con un buen entrenamiento y tiempo —él mismo llevaba ya muchos años en ello— reprimir la malicia era fácil. Lo difícil es no quedarse en esta sensación de trivialidad cotidiana que me embarga ahora, la tentación más grave es este sentimiento de banalidad, de inutilidad.

Este periodista era un hombre más joven que el prior, quizá en sus primeros cuarenta. Iba siempre muy pincho a todas partes, iba muy pincho ahora. Venía acompañado de otro joven, el cámara, más desbaratado y con coleta. El periodista cargó el micrófono y preguntó:

—Estamos, como usted sabe, consternados. Hay toda una corriente que hoy en día entiende que estos sitios, este convento y demás, son, en el fondo, luteranos. O sea, se pide lo imposible, se fracasa y punto. ¿Está usted de acuerdo?

—No pedimos lo imposible. Sólo una serena retirada del mundo, que no es un imposible. Para regresar al mundo. Siempre se trata de eso, de volver, esto no es una encerrona, no es un cautiverio o cosa por el estilo.

—Hemos tenido noticias de primera mano de que en parte sí que es un cautiverio. Algunos no lo pueden resistir, entran de jóvenes, pasado el primer entusiasmo se sienten atrapados y hartos. ¿En qué se diferencia, padre, esta clausura de las encerronas de una secta?

—Se diferencia en que no es una encerrona. Ni nos encerramos ni se nos encierra. Es una situación libremente aceptada, una decisión que puede, sin duda, corregirse o sustituirse por otra. Debería usted saber eso.

—Ya. Supongo que tiene razón, pero, en fin, no sé cómo decirlo. Hemos tenido, yo he tenido, noticias de primera mano de que este convento es el menos democrático de todos. Se nos dice que funciona tiránicamente. Se nos ha llamado por teléfono incluso. Personas que conocen esto de primera mano.

—¿Me puede usted dar los nombres?

—No, por supuesto que no. Eso sería revelar mis fuentes.

El prior se impacienta. No cree que el periodista tenga ningún informante. Cree que es un bluf. Se da cuenta de que no está llevando bien el asunto. Tendría que hacer alguna clase de declaración para la prensa, tendría que lanzarse de lleno a justificar la accidentalidad del suceso. O, por el contrario, admitir públicamente que todo ello se les ha venido encima y que no dice nada porque no tienen nada que decir y no hay nada que decir. El prior se da cuenta, al mismo tiempo, de que todo el mundo, la prensa, la televisión, los amigos que los visitan e incluso los propios monjes, nadie ha creído en la explicación del prior, en el cuento de la muerte accidental. Ahora el prior tiene que decidir si insiste en esta línea o en si da marcha atrás, caso de que pueda. Podría levantarse y dar por terminada la entrevista, pero comprende que serviría de poco: este periodista u otro acabarán huroneando en el asunto. Más vale ser sincero, tácticamente sincero. Es imposible, sin embargo, sincerarse. El prior no considera esto una posibilidad real. Tenía más o menos cabida o posibilidades con doña Mariana y Margareta, pero a este hombre la sinceridad y la insinceridad le dan igual, lo que quiere es la noticia. En cualquier caso se hablará del asunto tanto más cuanto menos quieran decir los interesados, la espiral mórbida crecerá aproximadamente igual tanto si hablan como si no hablan. El asunto está, de alguna manera, sentenciado ya en la pública opinión. Así que dice:

—Voy a ser yo franco con usted: lo ocurrido nos ha sorprendido a todos y no tenemos una explicación preparada. Puede usted decir eso en su periódico o en su programa y puede usted, por supuesto, inventarse toda clase de historias, motivos y contramotivos. Pero en última instancia dará igual: dentro de unos días, unas semanas como mucho, este suceso se convertirá en una simple nota de prensa, habrá otras historias que darán que hablar y, por fortuna, da igual lo que usted o yo decidamos decir o callar ahora. Yo he decidido no dar explicaciones.

—Usted puede decidir lo que quiera, padre prior. Yo le conozco a usted por referencias porque yo soy de aquí. Pero si no es hoy será mañana, tendrá usted todas las cadenas nacionales queriendo sacar esta noticia.

—Sería mejor para todos, para nosotros y para todo el mundo, que no se diera demasiada publicidad a este asunto.

—Perdone, padre, la publicidad que nosotros damos a un suceso sólo accidentalmente la damos nosotros, el suceso mismo es de interés público. La publicidad que se le da corresponde a su interés objetivo. Usted sabe que en Granada hay una seria y profunda tradición religiosa y católica y que muchas cofradías prestarán atención a este insólito suceso. Así que, por favor, padre, no me diga que no le demos publicidad. El asunto es público por definición.

—Cuando emitan su reportaje, si es que va a ser un reportaje, verá usted cómo se queda en nada: a los dos días dejará de tener interés. Y todos habremos salidos perjudicados.

—Que un suceso deje de tener interés al cabo de dos días no es culpa de los periodistas sino de la vida pública: todo deja de tener interés al cabo de dos días. ¿Quién se acuerda ahora de los ministros de Economía de Zapatero? Hace dos días que los teníamos en las noticias.

—Aun suponiendo que pudiéramos decir con precisión qué pasó, nadie, empezando por usted mismo, lo interpretará correctamente, y nadie, ni usted mismo, lo recordará con precisión dentro de un tiempo. Puesto que dice usted que los granadinos y los españoles son personas muy religiosas, y eso es verdad aunque con matices, yo le rogaría que dejara correr este asunto, usted es el primero que va a informar de lo ocurrido. Si usted omite esta información, no tendrá eco más allá de este pequeño entorno. En el momento en que convertimos esto, lo ocurrido, en un asunto eclesiástico o civil y lo sacamos de su contexto espiritual, estamos perdidos. «*Sine tuo numine, nihil est innoxium*», permítame este latinajo: sin tu luz nada es inocente.

—Recuerde, padre, que estamos grabando todo esto. Por supuesto que esto puede quedar entre nosotros, yo puedo no emitir este programa pero me parecería un fraude: mi obligación es dar noticias de interés provincial. Y, por otra parte —el joven periodista se está airando un poco y el prior es consciente de que no está llevando bien el asunto—, ¿no le da en cara a usted mismo toda esta circularidad, padre prior? Acaba de decirme que con Dios todo es inocuo, y que sin Dios nada es inocente. Son ustedes maestros de la circularidad. ¿Cree usted, padre prior, y esta pregunta es muy importante, que Dios en el supuesto de que exista, garantiza la inocencia y evita la toxicidad de las, digamos, serpientes venenosas?

—Mire usted, este asunto, o se ve desde dentro, y llegaremos más o menos a entendernos, o se ve desde fuera, y entonces no entenderá nada ni nos entenderemos.

—¡Pero, padre, cómo voy a ver esto desde dentro! No hay dentro, lo que hay dentro eso hay fuera. Ustedes son lo que se ve desde fuera, cómo no van a serlo. Todos somos lo que parecemos aunque no seamos sólo eso. Ustedes parecen ahora, a ojos de todo el mundo, incluidos todos los católicos variopintos de España, unos personajes raros, incomprensibles. Más bien aburridos de ver, francamente. No me tome usted esto a mal. Una parte de su retiro es posible porque verles u oírles a ustedes nos aburre mucho a todos. Pero, lamento decirlo, son ustedes ideales para unos cuantos días de noticias, de escándalo si quiere: monje ahorcado en un convento próximo a un pueblo de Granada. En un verano tan desastroso y deprimido como este, no podía darse nada mejor.

El cámara, ofendido, pide permiso para tomar unas imágenes del convento y declara, como despedida, que la publicación o no de la conversación dependerá de su jefe de redacción, no de él, y del director del TG7.

—De repente nos sacan de quicio —comentó Ignacio.

—Así es —dijo Raimundo—. Pero ¿por qué?, ¿por qué crees tú que «todo esto» nos saca de quicio? Te fijarás que cada vez usamos con más frecuencia esta frase, esta abreviatura, «todo esto».

—Las abreviaturas son cicatrizantes —comentó Ignacio con un tono apagado.

Y era cierto que se referían a lo ocurrido cada vez más en abstracto: Raimundo tenía razón al decir que mediante la expresión «todo esto» se limaban las aristas, se desdramatizaba la catástrofe y, sí, las abstracciones son cicatrizantes.

El caso es que todo esto se había vuelto cada vez más envolvente y más exterior: a raíz del reportaje emitido en TG7, había habido artículos en la prensa local y en la prensa nacional. Había, incluso, aparecido un reportaje sobre la comunidad hecho con el consentimiento del prior y realizado con una mezcla de buena intención y mala al mismo tiempo. Era un reportaje corto en el cual los hermanos de la comunidad salían fotografiados de espaldas o trabajando en el campo o rezando juntos con las capuchas puestas. Era un reportaje bonito —en eso se veía la buena intención—, inspirado, a qué negarlo, en recientes películas como *El gran silencio* o *De dioses y hombres*. La buena intención estaba presente, sin duda, en la cuidada fotografía. Se hacía ver la correlación entre el duro paisaje del contorno, la tierra gris, áspera, en paralelo con la severidad del convento y las horas de oración y de labor de la comunidad. También se veía de refilón a los hermanos por las calles del pueblo, saludando a los vecinos o entrando en sus casas: subiendo y bajando por las callecitas, sin los hábitos, los hermanos se fundían en la imagen con los vecinos. Había una ingenua luminosidad fotográfica, una naturalidad no calculada o impostada, como si los personajes no fueran del todo conscientes de estar siendo filmados. La mala intención venía de fuera, del momento en que se publicó el reportaje. De pronto la remota, casi invisible comunidad de Vélez, se había vuelto noticia, actualidad, un implícito escándalo aunque se mostrasen sólo las más limpias y austeras imágenes. En realidad la mala idea no estaba en el reportaje mismo sino en que apareciese en aquel momento. «*Sine tuo numine, nihil est innoxium*.»

Parecía increíble que Abel y su muerte apareciesen ahora en este contexto de comineo y reportajes. Se le hacía cuesta arriba a Ignacio tener que dar la razón a Sartre: *morimos para el otro*. Nuestra muerte no son solo acontecimientos que suceden a cada cual, muertes propias, acontecimientos íntimos que afectan a nuestros amigos. Sino que tienen también una fisonomía pública: la imagen de Abel había quedado cuajada ante la mirada del otro. Y esa visión enfriada, distanciada, noticiable, se colaba una y otra vez en el incomprensible acto de quitarse la vida de un hombre bueno. Estaba dándose ahora una como resurrección maligna del hermano Abel en la memoria de Ignacio, que invertía hacia atrás todas las imágenes que Ignacio conservaba. Sólo en la oración era posible combinar sin encono en una pregunta doliente: ¿Abel impostor? La impostura en que parece consistir de alguna manera el suicidio cambiaba de signo todas las imágenes. La voluntad de matarse parecía en este caso claramente la voluntad de reducir a la nada, a la pura negación, todas las significaciones positivas que el hermano había tenido. Como si de pronto —cabía imaginar esto— el hermano hubiese abandonado toda relación con el Espíritu Santo y se hubiese afirmado a sí mismo mediante una abrupta negación. Esto era lo más insoportable: que en la muerte voluntariamente buscada, en un caso como este, lo que parecía haberse buscado era una destitución del sentido de toda la significación de la existencia vivida hasta entonces.

—¿Por qué crees, Raimundo, que lo hizo? —preguntó de pronto Ignacio.

—Estamos no contando con la angustia que pudo sentir Abel. Recuerda que Abel era el más religioso de nosotros, el menos esteta, el que vivía más impregnado de la sacralidad de nuestra vida monástica, «*silentum tibi laus*», nos recordaba con frecuencia. Acuérdate de que nos tomaba el pelo llamándonos poetas a ti y a mí. Y es cierto que, en la medida en que lo somos, descansamos más en la contemplación de la belleza del mundo y de nuestras vidas de lo que descansa quien se ha comprometido tanto como Abel con un cambio de vida. Recordarás, sin duda, que la angustia radical puede emerger en la existencia en cualquier momento, no necesita que un suceso insólito la despierte. La angustia está siempre al acecho y, como dice Heidegger, solo raras veces cae sobre nosotros «para arrebatarnos y dejarnos suspensos». ¿Y si fue esto lo que le ocurrió a nuestro hermano? Piensa, Ignacio, en la vejez como angustia. Tú eres muy joven aún, en cambio yo ya no. Pero, en fin. A los sesenta todavía se siente uno fuerte. Aquí hacemos una vida sana, laboriosa, consagrada, sin duda, a Dios y al prójimo pero, a la vez, higiénica. Nosotros, los poetas, podemos ser con frecuencia acomodaticios. Esta vida nuestra tan aparentemente severa vista desde fuera es en el fondo esnob. Es un modo elegante de existir, separados, invisibles, por definición no consumidores, restrictos, estreñidos. Apenas comemos o bebemos, apenas meamos o cagamos, apenas deseamos los deseos, somos puros: la belleza de nuestra dedicación espiritual es como un disfraz favorecedor, Ignacio. Ahora imagina el caso de Abel: estoy seguro de que había llegado mucho más lejos que nosotros, más en silencio que nosotros, y la vejez, el cepo, le trabó de pronto. ¿Tú has visto un cepo? La vida espiritual cristiana puede ser un cepo, nuestras oraciones pueden ser un cepo, nuestras piadosas rutinas pueden ser un cepo. Y Jesús mismo, el Cristo, puede convertirse en un impedimento para ver a Jesús y para ver al Cristo. Y ya eres viejo y sin querer haces la suma o la resta de toda tu vida y dices de pronto: no fui capaz, yo no lo soy, soy incapaz de Dios. Abel era un cordobés fino y seco y estoico, un cristiano antiguo que hacía pocas concesiones a la transfiguración y que se abrazaba a la cruz. Pero la cruz es aterradora, es angustiosa. Nuestro Señor Jesucristo sintió angustia en el Huerto de los Olivos. «*Sustinete hic et vigilate mecum*», les dijo a los discípulos que se habían dormido en la barca. Pero ¿y si Abel, al final, no se atrevió a decirnos eso a nosotros?, ¿y si nos vio complacidos, pacíficos, serenados, ambientados, luminosos, angélicos, polen de la divinidad en flor como beatas de mediana edad que vuelven de la adoración del santísimo y del rosario y toman en la pastelería local unos almendrados y un Málaga Virgen? ¿Y si realmente amaba a Dios y de pronto se persuadió de que no le amaba lo suficiente, de que no había alcanzado la dejación, la soledad, la cruz suficiente? ¿Y si se ahorcó avergonzado de sí mismo?

—Es una locura eso que dices.

—Explícate.

—Es una locura, ¿qué quieres que explique?

—Es complicado este asunto, sin duda. Va a resultar que Abel murió por nosotros: para que entendiéramos lo que no entendemos, para que viéramos lo que no vemos. ¿No te ha sorprendido nunca, horriblemente, que Jesús les dice a sus apóstoles: ahora me veis, ahora no me veréis, tengo que desaparecer para que el espíritu surja en vosotros? El problema de este duelo es la seriedad de lo negativo. Te acordarás, Ignacio, de que la vida de Dios y el conocimiento divino podían expresarse como un juego del amor consigo mismo: pero esta idea degenera en una simple frase edificante y se hace sosa cuando le falta la seriedad, el dolor, la paciencia y el trabajo de lo negativo. Esto es puro Hegel. En esta comunidad vivimos como encantados, Ignacio, hechizados por nuestra acción litúrgica, nuestra acción orante, nuestra acción cristiana. Dios es un referente inocuo, Dios es un texto sagrado, una cita citable, una no entidad, un no ser, una simple frase edificante que se vuelve sosa cuando le falta la seriedad, el dolor, la paciencia y el trabajo de lo negativo. Pero el hermano Abel puso todo esto en cuestión, quizá. Y de pronto tenía setenta y tres años *et non est substantia. Dixit insipiens in corde suo: non est Deus: et non est substantia*. Se sintió Abel sin sustancia, por eso se ahorcó.

—Pero podía —murmuró Ignacio— haber hablado con nosotros, haber bebido el agua fresca de nuestra fe, nuestra seguridad, nuestra confianza. Podía haber pensado: no mires mis pecados sino la fe de tu iglesia. Nosotros éramos su iglesia, éramos su comunidad.

—Abel se mató para decirnos esto: que la negación era parte del juego, que nosotros éramos simples estetas, simples contempladores. Ahora viene lo grave, lo grave viene ahora tras el suicidio de Abel, tras la negación absoluta. ¿Seremos capaces de soportarlo? —pregunta Raimundo.

—¿Estás diciendo que Abel se mató para explicarnos que la seriedad de lo negativo era, en verdad, seria?

—Sí, estoy diciendo eso.

—Entonces el prior mintió, es más: deliberadamente nos confundió diciendo que lo de Abel fue un accidente. No fue un accidente: fue un acto expresivo. Vivir o morir no vale un duro. Se suicidó para explicarnos que éramos vulgares, no sólo éramos mortales sino que éramos, además, vulgares monjes que han adoptado ritos y palabras hermosas para ocultar a Dios, el inasible, el feroz, el compasivo. Abel quiso explicarnos que la muerte, por muy buscada que sea, no es ningún límite, no es el límite, es la manifestación oscura del Dios incesante. Dios es incesante.

—La incesantía de Dios me deja frío, nos acorrala, somos las ovejas acorraladas que van a ser ordeñadas, que desean serlo, que rehúyen la mano rugosa del pastor, que las agarrará por las tetas, que cagarán en la leche. Las ovejas, los significados. Nada más quebradizo que los significados, ahora entiendo por qué se nos dijo que no escribiéramos nada: porque si escribíamos, cualquier significado resplandecería como un rostro genérico y amado, la belleza, la obra nos inundaría de singularidad y entusiasmo. Dios se iría al carajo.

Ignacio espiaba en silencio ahora los ratos de silencio, como se espía, en silencio, a ciertas horas, la veloz entrada y salida de un vencejo en su agujero del muro. Bendecía, al mismo tiempo, la rutina monástica que proseguía férreamente su curso y que le libraba de oír los latidos de su propio corazón. Ahora pasaba por una fase regresiva, escolar: hacer sus deberes con aplicación era un fin en sí mismo. Había que desoír los retumbos del camino del entusiasmo. Había que optar por el recogimiento en lugar de la expansión. Venía a ser como un tener que ahorrarse, un control del gasto a fin de no hallarse, después de la descarga expansiva, con un descalabro excesivo. Ahora Ignacio se sentía medroso y desinclinado a la meditación espiritual.

El prior adivinó que el silencio y la rutina no estaban haciendo bien al hermano Ignacio. Se le veía reconcentrado y, sí, silencioso, pero con el ceño fruncido de quien no está en paz, de quien está intranquilo, de quien, por lo tanto, yerra. Entre las muchas encomiendas que el convento tenía por el pueblo, una era visitar a los Calderilla. Los Calderilla eran asiduos del convento, lo habían sido durante muchos años, y ahora la madre había caído en cama con una dolencia que parecía reumática pero que presentaba, en opinión del prior, todas las características de una depresión. La depresión no es una enfermedad que se entienda en los pueblos, se suele confundir con pereza o con aburrimiento y cuando las personas se hacen mayores se confunde sin más con la vejez: «Está triste de viejo —se dice—, ya no tiene gana de vivir». Pero eso no suele ser verdad y el prior le dio a Ignacio el *mandao* de que fuera a hablar con la señora Aurelia. El *mandao* se duplicó de pronto: uno era visitar a la señora Aurelia y el otro era ver qué le sucedía a la furgoneta del convento que se había quedado de pronto como muerta. La verdad es que Ignacio emprendió con alegría a pie los seis kilómetros de camino hasta Vélez, después Laudes: una alegría que provenía del ejercicio físico y del cambio de lugar casi únicamente. Lo del taller mecánico le ocupó poco tiempo. Se limitó a avisar al mecánico que subiera al convento a ver por qué no arrancaba la furgoneta. En cambio la situación en casa de la señora Aurelia, como el prior había supuesto, era melancólica: estaba efectivamente en cama, asistida por una de las hijas y ahí suspiraba. Al ver a Ignacio, se echó a llorar desconsoladamente.

—Llora por lo que ha pasado —dijo el Calderilla padre—. Dice que este pueblo está *dejao* de la mano de Dios.

—¡Pero, madre, si nos tocó el Gordo en 2010! —intercaló la hija.

—¡Pues por eso lo digo, *dejaos* de la mano de Dios!

Ignacio se echó a reír y el asunto de la lotería animó la reunión: volvieron a contar otra vez toda la historia de los dos años consecutivos de suerte, salió por intercesión de san Antonio de Padua, un santo milagrero.

Desde la ventana del Media Luna vieron al hermano salir del taller y encaminarse a casa de los Calderilla. El mecánico aprovechó para entrar en el bar a tomarse un chato de dulce.

Seguían en la casa con lo del premio y en si san Antonio de Padua había tenido parte en el milagro. Se había rezado concienzudamente para que cayera el Gordo en la localidad. Y cayó el segundo premio. Ignacio se sentía contento en el ambiente reanimado de la familia. Entra ahora el hijo mayor que ha dejado el tractor en la puerta de la casa. Se empeña en llevarse a Ignacio y a su padre al Media Luna.

—¡A este, hermano, se le cae la casa encima! —comentó la madre, a quien se le había ido la neura con la charla de la lotería.

Ignacio se sentía cómodo ahora y se dejó persuadir.

Se consideraba importante en el convento que las relaciones con el pueblo fueran distendidas y alegres. Era más importante llevarse bien con la gente que adoctrinarles. El prior pensaba que la fe sobrenatural emergería por sí sola al hilo de la buena fe, incluso del ejemplo de austeridad de los frailes. Tomar un vino dulce entraba dentro de la austeridad como una variación bienhumorada de la vía recta. En la taberna recibieron al hermano con familiaridad y considerable deferencia. Le observaban de reojo los que no le conocían personalmente y que sólo sabían quién era. Ignacio se sintió confortado. De pronto entendió por qué el prior le había mandado estos recados: el prior sabía de sobra que sin esta afable convivencia con los vecinos de Vélez, la vida monástica tendía a volverse un tanto irreal, incluso en los buenos momentos.

—Por cierto, hermano, un primo mío que viene por aquí mucho, habló de llegarse al convento porque siente gran admiración por ustedes —el que hablaba era vagamente conocido de Ignacio, le había visto en otras ocasiones: era un hombre de su edad, de rostro curtido, que parecía más al tanto de la situación que los demás, parecía menos del pueblo, más viajado—. Este primo mío estudió para cura —añadió el mozo, que dijo llamarse Miguel.

—Pues ya es un caso raro hoy en día —comentó de buen humor Ignacio—, no es que haya muchas vocaciones.

—Este primo mío —contó Miguel— es que ya desde niño era *espabilao*: ayudaba a misa, daba la catequesis a sus compañeros. Mismamente parecía un poco cura ya de crío.

El tema no acababa de gustarle a Ignacio: este primo de Miguel tenía toda la pinta de ser un chaval listo, con talento para las imitaciones. E Ignacio sabía que la imitación de la piedad cristiana es un impulso muy natural en críos de temperamento sensible y despierto.

—La María le cogió en *Graná* y le quitó las tonterías esas de la cabeza, ¿qué le parece, hermano?

—Dos tetas tiran más que diez carretas —intercaló un parroquiano.

—¡Me parece estupendo! —exclamó Ignacio—. Lo que tiene que ser es un buen chico, da igual que sea cura o panadero.

—Buen chico es, la mala es ella —añadió el mismo de antes.

—¡Ya estamos! —exclamó Ignacio.

—Y no es panadero, es electricista ahí en los molinos del Conjuro —subrayó un tercer parroquiano con referencia a la estación eólica instalada en uno de los montes que rodean Motril, en la sierra del Conjuro.

Se había formado un grupo alrededor de los Calderilla e Ignacio. Era un mediodía caluroso ya. Y dentro del Media Luna se estaba bien, fresco, olía a mosto y a fritanga.

—¿Se queda a comer con nosotros, hermano? —sugirió el Calderilla hijo.

—No, que tengo que subir y me queda una hora de caminata.

—De eso nada —interrumpió Miguel—, yo mismo le subo.

Salieron. La repentina luz del mediodía se le estampó en la cara al hermano Ignacio como un gavilán blanco. Miguel sacó del bolsillo las llaves del coche y lo bordeó hasta la puerta del conductor con aire orgulloso.

—¡Vaya coche que te traes, Miguel! —comentó Ignacio.

—Es un Audi Q5, el de los jugadores del Real Madrid. Es el que lleva Cristiano Ronaldo.

Se encaramó Ignacio al asiento del copiloto y vio la calle abajo. Comenzaron a sonar en el salpicadero multitud de señales.

—Parece un avión —comentó Ignacio.

—Póngase el cinturón, hermano. A las titis se lo suelo poner yo, pero con usted es diferente. —Y añadió sin venir a cuento—: Hoy en día, hermano, las mujeres que están bien, la mayoría pijas *perdías*, les gusta sentarse en el buen cuero.

—No te sabría decir, Miguel —comentó, guasón, Ignacio.

—¡Anda ya, ustedes sí que saben!

—¿Pero este supercoche de dónde ha *salío*?

—Pues de la lotería, ¿de dónde va a ser?

—¿Dónde trabajas tú?

—Soy *encargao* de un invernadero en el llano de Carchuna.

El Audi de Miguel, imaginariamente también el de Cristiano Ronaldo, se movía instantáneo. Los diez años de convento habían modificado las percepciones sensibles del hermano Ignacio. Se había ido haciendo a la lentitud, a los paisajes secos de Vélez, de los alrededores de Vélez, a la delicia disfrutada con cuentagotas del convento y de la huerta. Aunque por supuesto había salido muchas veces al mundo, como suele decirse, esta era la primera vez que un coche de este porte le trasladaba de golpe de un lugar a otro.

—¡Pero si ya estamos! —exclamó Ignacio.

Era verdad que ya estaban ahí ante la puerta del convento, que le pareció de pronto a Ignacio abstrusa, rígida, como de otro siglo, con su pulcritud de madera buena encerada y sus bellos herrajes de hierro. Una clausura, todo le volvió de golpe a la cabeza, una cerrazón, un suicidio, una imposibilidad de ser. Sintió estos sentimientos como golpes que le venían de fuera, como si de pronto le metieran un palo en las costillas.

—Muchas gracias, Miguel, por el viaje, ha sido visto y no visto.

Miguel se arrellanó en su asiento de cuero y se volvió hacia el hermano. A doscientos metros del cortijo para toxicómanos de la Asociación Betel, en el camino de la Gorgoracha sin número, el convento parecía un cortijo dormido. Desde la altura del Audi se alcanzaba a ver la espadaña de la capilla y una parte de las tejavanas del claustro. La serenidad conventual de hacía diez años, de cuando entró Ignacio a la comunidad, se estaba alterando ahora. La nueva autovía en construcción, los Caterpillar los días laborables, el transporte de tierra, auténticos montes que se trasladaban de un lado a otro, una desfiguración tecnológica del paisaje primitivo que se volvía irreconocible. Betel había sido concorde con el paisaje. Los hermanos de la comunidad habían ayudado mucho charlando con los toxicómanos. Pero ahora esta fuerza exterior, técnica, deshacía el paisaje, lo cambiaba de un día para otro. Era un bien para la provincia, la históricamente olvidada Motril parecía que iba a convertirse ya en una ciudad bien comunicada en medio del mundo, en medio de la poderosa técnica objetivante, inhumana. Y, a la vez, demasiado humana, lo más humano de todo: reducir o cancelar de una vez por todas el aislamiento de Motril y toda la Granada subtropical. Era digno de verse, digno de hacerse. Pero a la vez perturbaba el silencio del dulce monacato. Hacía que Ignacio se sintiera ahora, de pronto, un señorico acomodado a quien perturban las obras de los vecinos. Solteros, rentistas de la Iglesia católica consagrados al oficio divino y al silencio, antes había sido fácil, ahora el silencio tenía que atravesar los Caterpillar y los camiones de tierra que horadaban el silencio con su inconsciencia mecánica y laica. Ignacio recordaba la primera vez que atravesó el túnel de la Gorgoracha en la furgoneta, sacó la cabeza y gritó: «La Gorgoracha». Le encantaba la palabra. Y el eco repitió «la Gorgoracha» como un animal límpido e invisible, cercano al espíritu que veía con todos sus ojos lo abierto. Ignacio estaba ahora muy emocionado. Se sentía estúpido, verboso y estúpido, como un poeta menor que ha tomado unas copas. Miguel se arrellanó en su asiento, se volvió a mirarle e Ignacio pensó que así haría con las titis que llevaba de paseo a los chiringuitos de la playa. Se sintió una titi rubia y delgada que da conversación al Miguel, que le encanta. Se desabrochó el cinturón de seguridad, Miguel se lo había desabrochado ya.

—Muchísimas gracias por el viaje —repitió Ignacio.

—De nada, hermano. Que le tengo, por cierto, yo que hablar. ¿Le molesta que fume?

—No, por Dios. Me tengo que ir, Miguel.

—Ya lo sé, hermano, deme usted un momento. ¿Cómo es aquello: «escuchar al que no sabe»? Escúcheme a mí, que no sé nada de nada, solo de las berzas sé y de los moros y rumanos que me curran mal...

—¡Dicen que son buenos currantes, Miguel! No seas racista. Sacan el trabajo que los de aquí no quieren.

—Por cierto, hermano, ¿sabía usted que Abel era tío mío por parte de mi madre? Debió de dejar bastante obra escrita. ¿De eso qué hay? Ustedes los frailes, como son como son, lo mayor lo evitan de cojones. Con todos los respetos. La fama que tenía mi tío Abel en el pueblo era que era un escritor místico y que no paraba de escribir. Mi tío Abel, que en paz descanse, debió de dejar muchos escritos que hoy en día pues tienen un valor, *¿eh, o no eh?*

La aspiración de la consonante hizo sonreír al hermano. Le pareció tan de la tierra que se inclinó hacia Miguel con infinita benevolencia, con demasiada buena fe.

—La verdad es que yo le quise mucho. Era un hombre bueno y benevolente con nosotros, de novicios. Yo era un novicio torpe, desmañado, urbano. No sabía rezar, no sabía labrar los canteros de patatas, era híspido, cultivado, estúpido, creído, y el padre Abel, tu tío Abel, me llevó la mano de novicio para que la caligrafía me saliera clara y sin borrones. Yo le quería mucho.

—Bueno, lo que es yo, la familia, quererle no es que le quisiéramos. El tío Abel, por lo que cuentan mis tías y mi madre, era *esquinao*, un punto soberbio, *descastao*. Y ellas, mis tías y las amigas de mis tías, pues bueno, era un tío como los demás, un buen *partío*. Su familia eran ricos para entonces: tenían tierras y aparceros. Y mis tías y las amigas de mis tías eran las titis de entonces, lo normal, aunque ahora estén chochonas todas, pero en las fotos hay que verlas, con los cinturones que se ponían y las faldas de vuelo y los tacones. Y el tío Abel no las hacía ni caso, ¿es eso normal?

—Seguro que las quería mucho.

—¿Seguro? Seguro que no. Ustedes son especialitos, con perdón, hermano. A las mujeres no catarlas no es normal. Pero en fin, a lo que voy, con lo que escribió ¿qué pasa? ¿Eso van ustedes a editarlo, publicarlo o qué? Porque un poner: a mi madre, que es una mujer de cuerpo entero, mismamente una santa Teresa de Jesús, modestia aparte, le cuesta creer que los papeles que dejó el tío Abel no se hayan tan siquiera mencionado, no se ha dicho apenas nada, la verdad. Eso, reconozca, hermano, que lo tienen ustedes: secretismo. En comparación con la KGB me río yo del secretismo que se gasta el prior de su convento. Espero que esto no le esté ofendiendo.

—No me estás, desde luego, ofendiendo, Miguel, claro que no. Se ha hecho lo que el prior ha considerado más oportuno que se haga. Todos estamos conmovidos y confusos, no sé, tú esto lo entiendes, seguro que entiendes que no sepamos bien qué hacer.

—Entenderlo, sí, o sea, lo entiendo y no lo entiendo. Ahora todo hay que decirlo, las cosas salen en televisión, las cosas se hablan, esto no es como con Franco. Con Franco no pasaba nunca nada. Sin novedad en el Alcázar, esa era la frase. Había novedades pero había que decir *sin novedad*. Eso ya es historia antigua, hermano, ahora las cosas se hablan y se dicen y, bueno, ¿dejó o no dejó mi tío Abel una obra escrita? Eso tendrá un valor ahora, digo yo. Para una biografía de un alma. Lo que sufrió, lo que le pasó, por qué se suicidó, hablando en plata, ¿por qué se suicidó? Vamos a ver.

—No lo sé, Miguel, solo Dios lo sabe.

—Anda ya.

Ignacio se había quedado sin palabras. Tenía la boca seca, sentía el calor confortable, desagradable a un tiempo, de los sillones de cuero del Audi. Notó que transpiraba mucho, le transpiraban las manos y le corría un goterón de sudor espina abajo hasta el culo. Se sentía impuro, como violado, el entrecruzamiento del usted y el tú, el fuerte acento de Miguel, sus acusaciones —porque eran acusaciones— le revolvían, el humo del tabaco le ahogaba. Había una intimidad intimidante en el interior lujoso de aquel coche, un no estar en condiciones de responder nada, de defenderse, de bromear, de tomar a la ligera lo que Miguel acababa de decirle y, a la vez, un sentimiento de indignación, de irritación, de impropiedad, de haber sido agredido. Este cateto listo —pensó con furia Ignacio—, malpensado y listo, anticlerical en el fondo, que se las sabe todas. Sintió aborrecimiento y se sintió culpable por sentir aborrecimiento y sintió que tenía que decir algo limpio, claro, certero acerca de Abel, acerca del convento, acerca de una presunta obra literaria, que si efectivamente existía, no podía ser dejada en manos de la indiscreción del público en general, que tenía que ser expurgada: leída con caridad, interpretada de acuerdo con la piedad con que habría sido escrita, el hermano Abel era un hombre de fe. Se sentía desbordado por aquellas verdades del barquero, del Miguel. Y el hecho de que, como a borbotones, en su conciencia se fraguaran insultos, que pensara: es un hortera de bolera, un ignorante que no sabe de qué habla, un cateto rico que se liga a las titis en el Audi, un insustancial. Todo esto, que no era decible, lo sentía además Ignacio como injusto, una acusación que procedía de su ego herido, violado, maltratado, trivializado e igualado por aquel democrático tuteo entremezclado con el debido respeto.

—Tengo que irme, Miguel —dijo Ignacio, y abrió la puerta del coche y saltó del coche.

Mientras hacía sonar la campanilla del convento oyó la voz zumbona del sobrino de Abel que le gritaba:

—¡Hasta más ver, hermano, vaya usted con Dios. Pero no se olvide de lo que hay! ¡Lo que hay es lo que hay, ni más ni menos, hermanito!

Ignacio contó al prior su conversación con Miguel. Aunque el prior se mostró interesado en el asunto desde un principio, dejó pasar más de una semana antes de charlar con Ignacio. El prior, por cierto, no era amigo de charlas prolongadas. Entendía que la vida de la comunidad era ya una continua conversación en presencia de Dios y con Dios. Y prefería reducir las conversaciones particulares al mínimo. Había la confesión de los pecados, que en virtud de su carácter sacramental, rara vez se adentraba en la psicología individual. Tenía que ser lo más llana, directa y simple posible. Pero nunca regateaba el prior el cuarto de hora o los veinte minutos de conversación a nadie. Era, sin embargo —y así se hacía notar aun sin decirlo expresamente—, siempre una ocasión excepcional que tenía lugar con irregularidad, con la menor cantidad posible de vehemencia o exaltación, y que tenía que quedar siempre piadosamente cerrada y como dejada siempre en parte para una próxima ocasión. Entre una y otra entrevista privada con el prior, llegaban a transcurrir hasta seis meses. Y para subrayar aún más su falta de excepcionalidad (y, en cierto modo, también de intimidad) solían tener lugar estas conversaciones paseando por el claustro o por la huerta, rara vez sentados en los bancos, rara vez en su despacho. Ignacio había bromeado alguna vez con Raimundo acerca de la distanciada cualidad de estas conversaciones, observando que el prior tenía en poco la mismidad de las almas y más bien se regía por un criterio institucional al departir en privado con cada una de ellas. El protocolo era tratarse de usted y referirse al padre prior mediante la expresión padre prior.

Quiere decirse que, al dejar pasar más de diez días entre lo sucedido y lo narrado, a Ignacio le dio tiempo de limpiar, casi inconscientemente, el relato del fuerte malestar que la conversación con Miguel le había causado y de su sentirse inmundo, fragmentado y violentado por el estilo aquel directo y cateto de Miguel. Tanto, pues, se sustrajo del relato el aura emotiva, que las frases de Miguel quedaron reducidas a un par de líneas, aquellas que hacían referencia a por qué no se había hecho pública la noticia de que el padre Abel había dejado un manuscrito de considerables dimensiones al quitarse la vida. Tras su resumen, sólo se atrevió Ignacio a preguntar:

—Me gustaría saber si es cierto que el padre Abel escribió durante todos estos años de vida religiosa una larga obra literaria. Simultáneamente, me refiero. Ambas cosas a la vez.

—Y a usted qué más le da, hermano Ignacio.

Nunca fue el padre prior menos Josefo y menos accesible que en esta ocasión. La respuesta, sin embargo, fue hecha con amabilidad y sonriendo.

—El caso —prosiguió Ignacio— es que su sobrino, este Miguel, ¡insistió tanto! En mi opinión son fantasías de cateto listo. Me chocaría que existiese semejante escrito. Me resulta extraño. Como si Abel se hundiese ahora en una turbia doble intención, pendiente todavía ante nosotros de la viga y la soga. Perdone, padre, que hable así.

—Te recuerdo, joven Ignacio, que escribir no es hablar solo. Quien habla solo, espera hablar con Dios un día. Recordará usted los versos de nuestro gran poeta castellano.

—Desde luego, sí. Pero, en este caso particular, entiendo, padre, que me dice usted que sí, que hay un manuscrito, aunque por motivos obvios se ha reservado el derecho a no mostrarlo.

—¿Y cuáles serían, según tú, hermano, esos motivos obvios míos?

—Lo he dicho ya: la discreción, la seriedad de nuestra vida monástica, la seriedad del padre Abel, la seriedad de su muerte propia, su muerte buscada —titubeó Ignacio con la voz ahogada.

—Debes entender, hermano, que en lo referente al padre Abel, e incluso a los documentos que pudiera haber dejado escritos, no hay nada que ocultar. Pero tampoco, en mi opinión, nada que mostrar. No necesito recordarte que el motivo de estar aquí es sobrenatural. No vivo yo, sino Cristo vive en mí, nos dice san Pablo. Un texto escrito que no ha sido explícitamente pensado para la publicación no tiene por qué ser publicado póstumamente o dado a conocer, salvo por motivos espurios: la vanidad o la codicia de los herederos.

—También la gloria de la orden, padre prior. Ha habido escritores ilustres que han dado gloria…

—Mundana —intercaló el prior sonriendo.

—Mundana, sí, pero legítima. Si en ese manuscrito brillara una parte al menos de la devoción y la autenticidad con que nos iluminó Abel a todos nosotros, ¿no sería eso suficiente para procurar darlo a conocer, al menos en parte?…

—¿Y si no fuera así? —La voz del prior era amable, el tono era razonable, diurno, equilibrado, sonreía. Pero al mirarle Ignacio (a veces se paraban y miraban cara a cara, otras se miraban de reojo a compás del paseo) creyó advertir en la curvatura de los labios del prior, en su rostro aguileño y enjuto, una terquedad rara que no acababa de salvarse del todo en la mente de Ignacio calificándola de institucional. La comunidad de Vélez, al fin y al cabo, heredaba al difunto, y el prior, en concreto, venía a ser su albacea testamentario, aunque es de suponer que no hubiese testamento ninguno. La vislumbrada dureza de la expresión del prior ¿qué designaba? ¿Tenía intención este hombre de destruir o condenar al olvido el manuscrito del difunto?—. ¿Y si lo que hubiese podido dejarnos el hermano —prosiguió el prior— fuese, como de hecho son las obras literarias, en gran medida, una producción inconsciente, un desahogo, un testimonio ambiguo de esos momentos vacilantes de su conciencia? Porque entiendo, hermano, que coincides conmigo en que la expresión literaria de una conciencia individual puede ser, y con frecuencia es, escandalosa y vana. El pudor y el recato pueden muy bien no ser las cualidades de un texto escrito por un monje. Puede haber violencia, contradicción, ciertamente sentido de la propia finitud, desesperación, angustia, diabólica soberbia, aún más diabólica vanidad porque lo diabólico no siempre es luciferino y brillante, a veces es sólo estúpido y romo y repugnante

—¡Pero, padre prior, seguro que Abel empleó su talento de escritor para comunicarse consigo mismo y con Dios a su manera!

—¿Crees, hermano, que una conciencia individual muy consciente de sí misma que emplea sus ratos de ocio para volcar su yo, lo hace siempre para ponerse en relación con Dios? ¿Qué me dices del narcisismo que envuelve toda creación literaria, la contemplación de la propia obra, el recrearse en las imágenes creadas por uno mismo? Una de las ventajas de la oración litúrgica, el breviario, es que no hay nada que no podamos sentir todos juntos, somos una comunidad orante que nos dirigimos a Dios como comunidad y que nos hemos embebido en la oración común justo para liberarnos de los espejismos del yo, ¿está usted de acuerdo con eso?

—Desde luego, padre, sí. Pero a la vista de lo que el hermano Abel acabó haciendo, siento, perdone la expresión, curiosidad por saber qué ocurrió, qué le pasó.

—Sé que sientes curiosidad, ese es el problema. En estos largos duelos, y en particular en este caso, hay muchas fases, todas ellas muy interesantes, una de las cuales es saber qué ocurrió de verdad en esa alma. Nada podría ser más impúdico ni más indigno que adentrarnos en ese territorio de una conciencia desgraciada, una conciencia finita que en su camino hacia el ser absoluto se autolesiona hasta matarse. Recuerda que la conciencia desdichada está muy presente en todos nosotros hoy en día.

El prior había consultado su reloj de pulsera ya dos veces. Era la señal, la conversación terminaba. Sin llegar a nada, como en otras ocasiones, sin acercamientos que no fueran institucionales, casi sin compasión, pensó Ignacio con un estremecimiento.

—Me arrepiento de haber sentido curiosidad, reconozco que la he sentido. Seguramente que este Miguel volverá a insistir, quizá se ponga en contacto con usted, quizá otra vez conmigo.

—No hay ningún problema, hermano. Ya torearemos al Miguel si hace falta, pero de momento quédate en paz, entrégate a tus ocupaciones, encomiéndate al Señor, encomienda al padre Abel al Señor. En realidad, ni siquiera al apartarnos de Dios dejamos de estar en Dios, ¿no te parece, hermano?

El prior recuerda cómo construyeron la comunidad en los primeros años setenta. Además de él mismo, dos de los que le acompañaron fueron Abel y Raimundo. Ese fue el grupo que con el consentimiento del obispo de Granada y a partir de la donación que hizo a la comunidad trapense la condesa viuda de la Vela, se decidió a fundar un convento. Se aprovechó una de las fincas que los condes de la Vela tenían en el Caserío de la Gorgoracha. Lo que movió a esos tres fue la idea del recogimiento y de dar el paso arriesgado que dentro de la espiritualidad cristiana supone hacer una vida de contemplación. Era un proyecto ambicioso pero, a la vez, modesto. Estaban los tres animados por la idea de la gratuidad de sus donaciones. La plena gratuidad de lo donado, ellos mismos, sin intención alguna de recompensa o devolución. No el *do ut des* sino sencillamente el paso adelante abierto a una causa firme y a la vez espejeante, que en la ascética cristiana está muy claramente definida. La idea de ocupar esa zona del sur de la Alpujarra vino a la vez que la donación de la condesa, que había sido una antigua amiga del prior en el mundo. La finca estaba en ruinas, con su convento del XVII esbozado, que parecía como pedir una prolongación, una reapropiación, la restauración. La idea que presidió toda esa empresa de reconstrucción fue la idea de rehabilitación. La prioría de la cual procedían estos trapenses no puso dificultades: parecía una excelente idea esta de rehabilitar un viejo lugar de oración ahora que por todos lados florecían comunas y una espiritualidad difusa se adueñaba de las conciencias. La espiritualidad sesentayochista, que era en parte heredera de las espiritualidades polimorfas de los *flower children* y de influencias orientales no siempre seriamente entendidas. La idea de rehabilitación es poderosa porque viene directamente de la traumatología. El cuerpo humano accidentado se rehabilita con ejercicios constantes, sabiamente orientados.

Fue aproximadamente por esas fechas y los tres jóvenes frailes que se instalaron en la Gorgoracha tenían muy presente que rehabilitaban un edificio a la vez que rehabilitaban sus almas y las de quienes les acompañaran para hacerse cargo de Dios, para, como Zubiri escribía, deificarse. Así que el proyecto fue visto con simpatía por la jerarquía eclesiástica de la provincia y también por la orden trapense. Se les tenía por frailes ilustrados pero se confiaba en ellos, en la sinceridad de su fe católica. Por eso se les dejó en cierto modo trabajar siguiendo sus inspiraciones naturales que, en un par de años, produjeron el actual convento, esa mezcla graciosa y atrevida de convento y cortijo en donde fue instalándose la nueva comunidad.

Los primeros años transcurrieron deprisa. La madurez solar y sus propias maduraciones individuales les daban a los tres primeros fundadores, y a los que se unían a ellos, una impresión de humilde victoria, de estar siendo capaces de sobreponerse a las fatigas cotidianas, a la finitud de cada cual, en aras de un proyecto que les superaba por todas partes. Fueron estrictos trapenses, se hicieron ajenos a la conducta del mundo, no anteponían nada al amor de Cristo. Procuraron, siguiendo a san Benito, no satisfacer la ira, no guardar resentimiento, no tener doblez de corazón, no dar paz fingida, no abandonar la caridad, no jurar por temor a hacerlo en falso: procuraron decir la verdad con el corazón y con los labios. Procuraron poner la esperanza en Dios y procuraron, cuando veían algo bueno en sí mismos, atribuírselo a Dios y no a sí mismos. Procuraban recordar, en cambio, que el mal es siempre obra propia.

Entre los muchos asuntos que en el camino de perfección se planteaban había uno que presentó desde un principio características especiales, a saber: la cuestión de si un monje que vive y habla la palabra de Dios puede también, a la vez, vivir y hablar sus propias palabras. Cualquiera que desde fuera vea el asunto diría desde un principio que esta discusión solo puede ser el resultado de una chifladura equivalente, por cierto, a la de vivir en castidad o en perfecta obediencia o en silencio o con la mayor pobreza posible.

Esta discusión acerca de si había dos hablas: una con Dios mediante la acción espiritual y otra con uno mismo mediante la acción expresiva, literaria, era en parte una discusión bizantina que al prior nunca había preocupado en exceso. Sus propios impulsos literarios habían sido siempre de poco alcance y le fue fácil olvidarse de ellos. En cambio, en el caso de Abel, el interés por la expresión atinada de las cosas, por la expresión del yo, era mucho más profundo y, en cierta manera, más oscuro: la oscuridad provenía del hecho de que Abel cumplía sus votos como lo hacían los demás: en cierta manera Abel era impenetrable. Y el prior se sentía culpable cada vez que sentía la tentación de penetrar en la conciencia de Abel, de ver lo que él veía. Durante los años iniciales la gran cantidad de trabajo que tuvieron que hacer todos, eliminaba estas preocupaciones. Pero en la medida que la vida monástica fue organizándose, volviéndose rutina, Abel se fue volviendo más bondadoso, más cumplidor, más afectuoso que nunca y, a la vez, más impenetrable. Como si no tuviera conciencia de sí mismo, casi como si no fuera autoconsciente.

Esta preocupación, o curiosidad, por la impenetrabilidad de su compañero de vida religiosa no era obsesiva para el prior, ni siquiera constante. Era más bien un repunte, una y otra vez, de la pregunta acerca de si el bien, la bondad tiene lugar, en efecto, en plena inconsciencia, en plena transformación del espíritu de tal manera que el hombre bueno se olvida de sí mismo. La posición radical «que tu mano derecha no sepa lo que hace tu mano izquierda» (psicológicamente inverosímil) cobraría en la vida espiritual poderosa realidad: ¿lo que le estaba ocurriendo al padre Abel era que se había vuelto tan de una pieza, tan limpio de corazón, como parecía? De aquí que ejerciese tanta fascinación entre los frailes más jóvenes que se fueron uniendo a la comunidad a lo largo de los años. Era un hombre silencioso y afable, accesible a todos y, como un día luminoso, indescriptible. Uno sólo puede dejarse inundar de la luz del sol sin tratar de explicar a qué don del Espíritu Santo obedece.

Esta tarde el prior recuerda los primeros años de Ignacio cuando a Ignacio aún le costaba trabajo cumplir con la recomendación de san Benito de *no ser amigo de hablar mucho*. Uno de los descubrimientos de Ignacio, lo que más inverosímil le parecía, fue que la lectura atenta de la Regla —y su práctica modulada por la inexperiencia inicial— diese lugar a un intenso sentimiento de bienestar, de alegría. El prior recuerda al Ignacio aquel del principio que se afanaba tanto en los trabajos de la comunidad que había que frenarle e instarle a seguir el ejemplo de la diligencia mesurada de los demás hermanos dentro del recinto de la comunidad y en el horizonte de la estabilidad en la comunidad. Por aquel entonces Ignacio aún escribía versos: «Alegría es una salamanquesa entre la hiedra/se traslada de la hiedra a la pared jalbegada/extraterrestre, instantánea, flexible se pierde entre las macetas de geranios/esto tuvo lugar hace un rato/y yo lo vi/Dios sea alabado»... Era curiosa la vocación de aquel Ignacio: parecía tan sincera que el prior se veía en la obligación de combinar la relativa taciturnidad que se exige en la Regla con el texto de la Suma Teológica donde se dice: «La lengua graciosa (*la lingua eucharis*) abundará en el hombre bueno». Pero la bondad del hombre proviene de la gracia. También, por lo tanto, la gracia de la palabra tiene que venir de la gracia de Dios. La alegría, la gracia, era un ensanchamiento del corazón. Esta exaltación de Ignacio representa, de pronto esta tarde, el cénit de la comunidad de la Gorgoracha. Llevaban ya años allí y cuando entró Ignacio aún conservaban la energía inicial (la imagen de un cohete interrumpe la imagen de Ignacio en la conciencia del prior. La imagen de unos fuegos artificiales, la cruda imagen de lo instantáneo, de lo artificiado, que no se hace sólo con motivo de una fiesta, sino que se confunde en su brillantez con la intención recta que parece también instantánea. Un fruto instantáneo del Espíritu Santo, una rareza). Ahora el prior tiene que desenredarse, casi con violencia, de la proliferación de las imágenes negativas: turbias, ladeadas, mareantes y, sí, instantáneas. Él, que es el responsable de la estabilidad en la comunidad, se siente inestable e incapaz de librarse de las ocurrencias de un yo imperioso que de pronto resulta no haber sido dominado del todo. ¿Cómo pudo creer que podía controlar del todo el flujo incesante de una conciencia finita? Y, sin embargo, lo creyó. Todos lo creyeron. Todos creyeron que Dios ama al que da con alegría. Todos vigilaron sus caminos para no pecar con la charla. De pronto el ahora del prior es como un borbotón, como un vómito que no puede ser retenido, como una diarrea que no puede ser cortada, y recuerda: he enmudecido y me he humillado, me abstuve de hablar de cosas buenas, incluso de las cosas buenas. Ahora no puede abstenerse de hablar consigo mismo en una charla tarumba, en una ebriedad sin alcohol que viene de lo que de pronto le parece el fracaso de toda su vida: la desgracia que de pronto se ha echado sobre ellos con la muerte de Abel, desventrándoles. Tiene que centrarse en parecer tranquilo, en parecer seguro, en parecer estable. Pero él mismo se siente inestable ahora.

Matías Belarte leyó todo lo relativo al suicidio. Vio el documental y dijo: «Lo dije». Esto lo dijo entre sí pero en tono suficientemente alto como para que Dolores, la gerente del Generalife, comentara: «Pupila que usted tiene, don Matías». Y, sí, Matías había hecho carrera en la provincia y en la capital de la provincia con sus artículos zumbones y su ojo crítico: tenía fama de no dejar pasar nada por alto.

—Esto es distinto, Dolores —se vio obligado a corregir Matías. Este caso lo llevo viendo desde mi juventud. Y no digo más.

Y fue verdad que ni ese día ni ninguno de los siguientes hizo más comentarios. La procesión iba por dentro. Abel y Matías habían sido muy amigos de jóvenes. La verdad es que Matías Belarte había observado de lejos, con gran interés y con característica malicia, la fundación de la comunidad. Recordaba haberle dicho al propio Abel hacía muchísimos años: «Eso no te saldrá bien, Abel. Esa entrada tuya en religión tiene que tener doble fondo. Porque lo tienes tú. Además de gatos en la tripa».

No recordaba Matías ahora la respuesta de Abel.

No le hacía falta recordarla. Matías Belarte siempre hacía sus preguntas con respuesta incluida. Así que la pregunta que presentaba al interlocutor sólo servía para confirmarle en lo que desde un principio había decidido que era el caso. Este agudo crítico no era autocrítico. Es más, tenía a gala no serlo. Y ofrecía toda una pequeña teoría acerca del porqué: la autocrítica está bien, quién lo duda, pero bordea siempre lo inseguro y lo mórbido. En el fondo es enfermiza. Uno decide qué hacer o qué no hacer. Uno piensa lo que piensa, lo da vueltas y juzga, toma su decisión, sus decisiones. Uno reacciona racionalmente ante los propios juicios. Ahí acaba la autocrítica. Todo lo demás son en el fondo remordimientos, dubitaciones, debilidades de gente insegura. Nunca dudó de que Abel no tenía vocación religiosa. Lo que tienes, le dijo, es un empeño religioso. Te empeñas en ser más de lo que eres, o quien no eres, ni llegarás a ser nunca. Matías estaba seguro de que Abel se le parecía mucho, era un escritor, un intelectual, un hombre de letras, como él mismo. Y Belarte estaba persuadido de que la luz de las buenas letras era lo suficientemente buena y clara como para no necesitar de otra, sobrenatural, sobreañadida, que solo podía venir de una emotividad oscurecida, viscosa. O, como mucho, secretamente seducida por una ilusión espiritualista. Cercana, en opinión de Matías Belarte, a las convicciones de los *Jesus Freaks*. En lugar de las buenas letras, las bellas letras, ponéis ahora un vago misticismo, un anhelo de *superracional consciousness*. Una conciencia sobre-racional, que es, en el fondo, sólo infra-racional. Todo este discurso parecía entrarle por un oído y salirle por el otro a Abel y a sus amigos trapenses. Habéis sustituido la claridad del humanismo por la veleidad carismático-litúrgica de moda. Acabaréis como el rosario de la aurora.

Después de aquello —aquellas opiniones, aquella vehemencia de Matías, que era tanto más vehemente cuanto más benevolente y fría era la acogida que Abel le prestaba— pasaron los años y los frailes olvidaron a Matías y Matías —que, en cambio, no olvidó a los frailes— se ocupó de zaherir a otras gentes: había mucho que zaherir aquellos años, cuarenta años de crítica despiadada dieron mucho de sí. Y Matías Belarte se hizo un célebre columnista local y escribió unos cuantos libros, uno de ellos que indirectamente tenía que ver con sus antiguos amigos, titulado, un tanto mayestáticamente: *La Iglesia católica, una mediación autorreferente*. Esa fue su única incursión en eclesiología, escribió después algunas biografías literarias. Un elogio de las bellas artes y el espíritu humano. Escribió una novela larga que todo el mundo compraba y nadie leía porque la prosa narrativa de Belarte era sumamente indigesta. En fin, pasaron los años. Lo cierto fue que la comunidad de la Gorgoracha dio siempre poco que hablar, era bien considerada en Vélez, eran casi invisibles. La muerte de Abel lo cambió todo.

Entonces, Matías hizo sus averiguaciones. Recordaba perfectamente a la familia de Abel, en cuya casa había estado de joven. Y así fue como se encontró con Miguel, que le refirió su conversación con Ignacio. Matías se quedó encantado con este encuentro. Ahora iba a enterarse de verdad. La historia de los supuestos manuscritos del fraile y su secuestro por parte del prior le pareció suculenta.

—Aquí hay asunto, Miguel, y hay que tomar cartas en el asunto.

Miguel se sintió estupendo con esto. Él también pensaba que había que tomar cartas en el asunto.

—Excita todos tus peores sentimientos —comentó Ana Fernán.

—Bueno, si los excita no es mi culpa. Y lo cierto es que yo lo dije. Hace cuarenta años ya lo dije: que no podía salirles bien. Sobre todo que Abel no se saldría con la suya.

Estaban tomando una cerveza en el Generalife sobre las tres de la tarde. Había muy pocos parroquianos. Era la hora de comer y de la siesta, hacía mucho calor, ellos dos estaban sentados debajo de un ventilador de techo que, con cierta indiferencia sureña, iba y venía en círculos sobre ellos, deshaciendo el bochorno en dos partes iguales. Ana era una chica muy joven, renegrida, que tomaba su cerveza a sorbos. Belarte estaba enamorado de esta chica, un enamoramiento tardío, quizá el primero de su vida, que vivía con desesperación. Su escepticismo no lograba ser del todo eficaz en este caso. Apareció desde un principio veteado por los celos y azotado por ese castigo de la incesante inestabilidad. Ana Fernán combinaba atractivos terrenales y aéreos. Parecía frágil a la vista pero era fibrosa al tacto. Parecía cálida y cercana, pero podía ser desapegada y distante. Por primera vez en su vida, Belarte no las tenía todas consigo. Era, además, una chica lista y astuta. Por cerca que estuviesen uno del otro, Belarte tenía siempre la sensación de que había un secreto entre los dos, había una separación entre los dos, que Ana mantenía aparte algún secreto. Belarte sentía, enojado, que con Ana se le escapaba lo esencial. Lo esencial es aéreo y no puede ser objetivado. Esa es su gracia. Un secreto baila fuera de sí en el ámbito de lo sospechado y lo presunto. Puede ser grave o trivial pero nos tortura en ambos casos como aquello infinito a lo que se tiende en la inmovilidad. Y es lo contrario de una meta o de un blanco, en el sentido de que, al ser revelado, se sustituye inmediatamente por otro secreto que secretea aún más que el anterior.

—Esa última frase —comentó Ana— ¡es tan tuya! ¡Salirse con la suya, salirte con la tuya! Esto es muy tuyo. Esa preocupación por ganar a toda costa, ganar el café jugando a los chinos, ganar al mus, al ajedrez, llegar antes que nadie a ver un descalabro, creer que todo el mundo está a eso sólo: a salirse con la suya. Sueles tener razón, lo reconozco. Eso es lo más cutre de todo, que piensas mal y aciertas, es cutre.

—¿Soy yo cutre? —preguntó Belarte con el tono de quien siente herido el amor propio.

—¿Y por qué no? Todos lo somos, según tú. Es imposible que seas tú la excepción. ¿Soy yo misma cutre? Estar contigo es sentir que nunca nadie confirma la excepción, que nadie es nunca excepcional. Así que yo tampoco.

—Tú eres maravillosa, no eres cutre.

—¡Anda ya! ¿Por qué he de ser yo especial? Caso de que lo fuera, además, tú no podrías saberlo: sólo puedes verme como ves a todos los demás. Tú estás ciego para la excepción, ves lo que todos ven, ves lo que se ve. Y lo que se ve, claro, no merece la pena ser visto. Si tuvieras un escudo nobiliario, Belarte, el *motto* de ese escudo sería «Para lo que hay que ver». En fin, que yo no creo que ese amigo tuyo, ese Abel, ese fraile, entrara en el convento para salirse con la suya, no lo creo, no entiendo por qué nadie entra en conventos, ni tampoco dejo de entenderlo. Sea por lo que sea, lo que sí sé es que seguro que tú no lo sabes. Nunca lo has sabido.

—Ana, no seas inmisericorde conmigo. *¡Miserere mei!*

—Aquí estoy. Estoy aquí contigo, ¿o no? Esto debería ser prueba suficiente de que te compadezco.

—¡Oh, Ana, eres terrible!

Estos repentinos discursos de Ana encantaban a Belarte pero le sorprendían mucho: Ana era taciturna. Consentía en reunirse con él discontinuamente y le resultaba difícil saber qué hacía en los tiempos intermedios, tanto más difícil cuanto más interés tenía en saberlo. Yo soy la esfinge sin secreto, tío, le dijo en una ocasión. Cuanto más buscas en mí, menos encuentras. Querer saber de mí equivale a vaciarme, ya te cuento yo, no me preguntes. Y era cierto que Belarte tenía —con otra gente, con sus víctimas— el arte del interrogatorio. Parecía que no preguntaba y que no quería saber y se las arreglaba siempre para saberlo todo y preguntarlo todo. Ana, que, para asombro suyo, lo adivinó de inmediato le dijo un día: tu incesante curiosidad es repulsiva. Si consiguieras reprimir la curiosidad una sola vez en tu vida, verías a Dios. Pero no puedes reprimir tu curiosidad, por eso eres agnóstico. Habían quedado con Miguel en el Generalife, traía noticias frescas.

—Tengo un plan —exclamó—. Tengo uno dentro. Un fraile o un hermano, como se llamen, uno que está hasta las narices, me ha contado que lo que pasó fue porque no le hicieron prior, se suicidó para mandarlos al carajo.

—Inverosímil, eso que dices —comentó Belarte.

—¡Que sí, que sí! ¡Que se llama Jacinto!

—Te ha *timaillo* —apostilló Belarte—. Ese no es fraile. Pero es interesante que hayas ligado con alguien de dentro. ¿Cómo te apañaste?

—¡Vino él! Se me presentó una mañana en Vélez. Contó que me había visto con Ignacio, contó de todo. O sea, que ahí hay mucha mierda.

—Si dijo eso —intercaló secamente Ana— y no dijo nada más, nos quedamos como estábamos.

—Hay más, bonita, hay más. Dice que sabe dónde están guardados los papeles.

—¿Dónde están guardados? —pregunta Belarte.

—En la celda del prior, por lo visto, en una maleta debajo de su cama. Es así de fácil.

—Suena demasiado fácil —comentó Belarte—. ¿Tú qué propones: entrar en el convento hasta la habitación del prior y llevarnos la maleta?

—Básicamente sí. Lo único que hay que escoger bien la hora y este amigo mío tiene que abrirnos la puerta, que se cierra con llave, de la huerta y hacernos un mapa del cortijo-convento, que eso es fácil.

—Es un poco ridículo el plan, yo creo —observó Ana entornando la cabeza.

—Entonces di tú, bonita, cómo quieres que nos

hagamos con eso. Aquí Matías cree que es indispensable ver lo que hay escrito ahí.

—¿Cómo vais a meteros en eso, tío? Que ese mismo Jacin os saque los papeles y le dais la propinilla.

—Reconozco que siento curiosidad —murmuró Belarte para sí mismo—. Igual nos encontramos con todo un tratado de mística y ascética cristianas. Pero lo dudo. Lo que hay ahí es un volcado del Abel, un diario íntimo, revelaciones procaces. Aunque sólo hubiese un relato de treinta años de inservible vida espiritual, con tal que él lo reconociese por escrito, ya tendríamos un libro fascinante. Y habrá más, seguro que hay más. Todo el proyecto monástico de estos ascetas silenciosos, por bien intencionados que estuvieran al principio, ¿cómo ha podido mantenerse? ¿Por cuánto tiempo? No me cabe duda de que a estos, como a los demás mortales, les acechan las neurosis, las obsesiones compulsivas, el sentido del fracaso, eso es lo que quiero ver. Uno no puede esperar que estos hipócritas lo cuenten por sí mismos, pero puede haberlo contado sin querer el garbanzo negro, el Judas, el suicida. ¿Qué no daríamos todos, un editor, la sociedad entera, por tener el diario íntimo de Judas? Lo que se cuenta en el relato evangélico es sólo un aperitivo. En aquellos tiempos no se hacían relatos psicológicos, se contaban hechos aproximados, los hechos de los apóstoles, o eso es lo que ellos creían que contaban. En nuestros días lo que cuentan es la interpretación de los hechos, cuentan lo mismo que se contó siempre, solo que ahora lo sabemos con claridad. No habrá experiencia religiosa, pero habrá el relato de cómo no llegó a haberla nunca. Eso es lo que quiero leer, el espejismo divino.

Raimundo e Ignacio han charlado largo rato esta tarde. Ignacio ha hablado con su vehemencia de siempre y Raimundo con más calma pero también con vehemencia se ha entregado de lleno a la conversación. En esta ocasión se han sentado en uno de los bancos de piedra de la huerta dejando que tintinee el sol entre el monedero verde de los álamos. La extensión de esta charla ha sido excepcional, el prior se ha unido a ellos durante un rato. Cuando el prior estaba presente hablaron de la huerta que resplandecía junto a ellos, las bancadas de las patatas con su flor blanca que se riegan por pie, llega a ellos el olor del tomatal. La huerta es la gran satisfacción del prior: cubre las necesidades de la comunidad e incluso les sobran verduras y hortalizas que reparten a los visitantes: hermosos tomates carnosos que son ya una comida partidos en dos con un poco de sal. El prior se ha despedido de los dos frailes diciendo:

—Ahí os dejo, que lo acabéis de hablar y no acabaréis que ya nos conocemos, Ignacio.

Sonríe mientras dice esto. Ignacio piensa que la

charla con ellos ha relajado al prior, que últimamente parece caviloso en sus intervenciones ante la comunidad. Y como dubitativo, no obstante ser persona de palabra fluida y cortante. Ahora, al quedarse solos, dice Raimundo:

—Recordarás, Ignacio, el sermón diecisiete de san Bernardo sobre la triple vigilancia: de las manos, de la lengua y del corazón. La vigilancia de la lengua. Tiene gracia la descripción de la lengua que hace Bernardo, empezando por el órgano, la lengua física que dice es un órgano muy pequeño, fino y aplanado y el medio por excelencia para vaciar el corazón, ¿te acuerdas de eso?

—Me acuerdo muy bien, yo mismo leí ese sermón hace unos meses durante la comida.

—Como no somos perfectos, hermano Ignacio, tras una larga conversación como la nuestra sentiremos, dice san Bernardo, el espíritu vacío, la meditación menos devota, el afecto más árido y la ofrenda de la oración menos fecunda. ¿Y por qué? Porque esa es la consecuencia de las palabras que hemos dicho u oído. Al fin, palabras. ¿Qué te parece?

—Me parece exagerado, francamente.

—¡Pero Ignacio, si lo dice el propio san Bernardo! —se echa a reír Raimundo.

—Es una exageración, insisto, que llevo dando vueltas desde que entré en el convento y tú lo sabes. Y no se aplica en el caso de nuestra comunidad porque somos pocos y nos llevamos bien.

—Mmmm —gruñe Raimundo como si pusiera en duda lo anterior.

—¿No nos llevamos bien?

—Sí, nos llevamos bien, sobre todo nosotros dos y el prior. Nos llevamos bien pero no somos pocos. Somos una comunidad, como sabes de sobra, numerosa. No somos solo los seis frailes, somos también los de la huerta, los albañiles que van y vienen, las visitas, el mismo Vélez es parte de nuestra comunidad. Nosotros guardamos silencio para oír la voz de Dios, las señales de Dios, los ruidos que hace Dios que se confunden con el ruido de los álamos y pinos de este soto. Pero somos muchos, nuestra comunidad es también Vélez y también nuestras familias. Tenemos toda una comunidad de hablantes que nos hablan y a quienes hablamos. La gente que sube a misa los domingos y que escuchan nuestros sermoncillos después del evangelio…

—Esa es la comunidad social —dice Ignacio con el tono un tanto ingenuo de quien descubriera por primera vez algo que ha sido obvio siempre.

—Esa fue la comunidad en que inicialmente pensábamos cuando nos metimos en este convento de la Gorgoracha: pensábamos que el silencio se haría en contrapunto con el ruido de nuestra ruidosa comunidad. Quisimos, a la vez, las dos cosas. Abel y el prior y yo y algún otro fraile que tú conoces quisimos hacer el silencio en medio del tráfago de estas duras tierras arriscadas de los alrededores de Vélez. Y ahora, cuando no contábamos con ello, se ha vuelto más ruidoso y destartalado y violento el ruido que nunca. Ahora nuestro silencio no se oye, Ignacio. Por eso Bernardo en ese mismo sermón decía que no hay por qué sospechar de nadie, pero que debemos desconfiar de la lengua, sobre todo cuando hay muchas personas juntas. Estamos en una situación con la trágica muerte de Abel y la presencia de nuestros numerosos visitantes y murumuradores amigos muy bernardiana en realidad. Tenemos que tener cuidado y, a la vez, oír y desoír todo lo que nos daña. Y todo lo que hace referencia a Abel nos daña.

—Así es, Raimundo, eso es cierto. Me desdigo de lo que antes dije de que Bernardo exageraba. ¡Igual no exageraba!

—¡Ignacio, no seas ñoño! San Bernardo es el exagerado por antonomasia, el más exagerado de todos nuestros hermanos, del pasado y del futuro.

—¿Crees tú que peligra nuestra comunidad?, ¿crees que nos pueden aniquilar solo con que hablen de nosotros?

—No parece verosímil. Algo más tendrá que hacer quien quiera aniquilarnos.

La conversación se queda en el aire.

La idea de entrar en el convento y robar la maleta —si es que se trataba de una maleta— le pareció excelente a Miguel. Lo que no le gustaba del plan era la decisión de Belarte de hacerse cargo de todo: tú y el Jacin me traéis la maleta a mí —fue lo que dijo—, yo sabré qué hacer con ella. La verdad es que Miguel —que era listo— reconocía que no sabría qué hacer con una maleta llena de papeles. Ya el solo hecho de leerlos planteaba dificultades. La gracia era robarlo pero al no tener, a ojos de Miguel, un valor económico claro (era imposible decidir si todo aquello valía algo o no valía nada y la idea de publicarlo por respeto al difunto que es lo que le había dicho a Ignacio era un argumento verbal, sin peso real para Miguel) toda la expedición se convertía en una travesura, un capricho: jodamos al puto prior, algo así.

Al contar el plan a Belarte, Miguel se sitúa, sin querer, en un segundo plano: se convierte en ejecutor del plan. Pero eso le basta de momento. Miguel entiende la malicia de la trastada, como romper el retrovisor de un coche, un acto gratuito de malevolencia. La malicia, en el caso de Miguel, viene de la gratuidad. En el caso de Belarte, la malicia viene de la seguridad con que afirma que lo contenido en esos papeles tiene a la fuerza que ser un secreto vergonzoso o vergonzante.

Jacinto no llegó a lego. Ni quisieron los frailes ni quiso él, eso es cierto. Permaneció durante mucho tiempo, Ignacio le recordaba desde siempre como una mezcla de recadero y de manitas del convento. Tenía un motocarro y cobraba un estipendio complementario por usarlo al servicio de los frailes. Y tenía una relación muy continua con Vélez y los parroquianos de la Media Luna. Era, por otra parte, santurrón: le gustaba hablar de cosas de la Iglesia, hablaba maravillas de los monjes —demasiadas maravillas—, de todos los cuales decía que eran santos. Pero con ese pretexto hablaba siempre más de la cuenta. Hablar sin ton ni son era lo que mejor hacía Jacinto. Así que a Miguel se le ocurrió enseguida convertirle en cómplice de la trapacería que planeaban. Se trata —le explicó Miguel— de que entres al convento a una hora apropiada, tú verás cuándo. Y que saques la dichosa maleta. Te estaremos esperando en la puerta con el coche.

Que Miguel hubiese, desde un principio, contado con Jacinto venía de que Jacinto, a la vez que hablaba maravillas de los monjes, se quejaba con frecuencia de la rigidez de la vida conventual y de que le pagaban poco. Esto último era verdad. Lo lógico hubiera sido que preguntara: «Y qué saco yo de esto». Pero no formaba parte de la mentalidad de Jacinto esta clase de cálculos: a su manera trivial tenía un instinto, un olfato prerracional por los secretos y secreteos eclesiásticos. Nunca había contado nada sobresaliente porque no había casi nada que contar que pudiese entretener a los veleños. Con los frailes es alabancioso. Pero, en el fondo, le parecen tacaños, en especial el prior. En el Media Luna se le ha oído murmurar que si no fuera por el amor de Dios no haría lo que hace en el convento porque los frailes no le dan ni la mitad de lo que vale su trabajo. En fin, Miguel ha retraducido todas estas impresiones en que Jacin está hasta las narices del convento y que es un simplón. Miguel no ha prestado atención a la rapidez con que Jacinto ha aceptado este plan, que es, al fin y al cabo, una grave falta de respeto a los frailes que tanto dice venerar. Miguel está ahora ya en el torbellino de la planificación y ha conseguido meter ahí a Jacinto. Deciden que se hará en tiempo de Completas aprovechando que los frailes a esas horas están en la capilla y no suben a las celdas. La información de que había una maleta extraña en la celda del prior procede de Jacinto. Jacinto fue, da la casualidad, uno de los primeros en descubrir el cuerpo sin vida de Abel en la cuadra.

No pueden contar con la noche porque los frailes se acuestan temprano, tienen que hacerlo todo con luz del día.

Belarte, Miguel y Jacinto están ahora dentro del coche frente al convento. Jacin, que es el encargado de sacar la maleta, muestra un cierto nerviosismo.

—Bueno, Jacin, ha llegado tu hora —dice Miguel.

—Me siento algo mal con esto, nervioso —contesta Jacinto.

—¡Sí, hombre, ahora te vas a rajar! —dice Belarte.

—Hombre…, es que del dicho al hecho… —contesta Jacinto hasta que le interrumpe Belarte.

—Del dicho al hecho hay diez metros. A por ello. Aquí estamos.

Jacinto entra en el convento. Llega al cuarto del prior. Mira debajo de la cama, ve que no está la maleta. Y nerviosamente echa un vistazo a su alrededor. Descubre una maleta encima del armario. Jacinto se encarama a la silla del prior, que resulta ser inestable. Agarra la maleta por el asa pero se atranca en el reborde del techo del armario. Jacinto tira de la maleta sin medir sus fuerzas. Sin resultado. El tiempo apremia y suda copiosamente, así que vuelve a tirar de la maleta y el armario amaga con venírsele encima. Entonces decide dejarlo. Pero ya es tarde para dejarlo: la maleta, que ha conseguido levantar por encima del remate, cobra peso de pronto. El armario se contagia del tembleque del ladrón. Armario y maleta se le vienen encima a Jacinto, que cae a plomo sobre la silla, que se rompe. Confiando en hacer una jugada rápida, no ha cerrado la puerta de la celda y el estrépito llega hasta la capilla. Raimundo es el primero que sube y se encuentra a Jacinto inmóvil debajo del armario y con la maleta abierta encima, inundado de papeles. Sangra por la nariz y parece desnucado. Entra el prior en su celda y detrás de él los demás frailes:

—¿Pero qué pasa? —pregunta.

—Es evidente, Jacinto, por alguna razón, se ha subido a la silla y ha querido bajar la maleta del armario —explica Raimundo—. Ahora hay que llevarle a la enfermería.

Ahora el Jacin emite un quejido bulboso, como de cañería atascada. Gime. En realidad exagera para no tener que dar explicaciones. En la enfermería le cortan la sangre de la nariz y le exploran para ver si tiene algún hueso roto. Solo tiene un chichón como un huevo en la cabeza. Se incorpora en la camilla y a la luz del neón el prior le pregunta lo que ya es evidente:

—¿Qué pretendías hacer con la maleta?

—Yo, nada —contesta Jacinto.

—¿Cómo se te ha venido el armario encima?

—Yo es que estaba limpiando…

—Pero criatura, ¿qué limpiabas a estas horas? —pregunta Raimundo.

—Este, padre prior, quería curiosear o robar la maleta —declara secamente Raimundo.

—No acuses, déjale que lo explique él —contesta el prior—. A ver, Jacinto, cuéntanos qué hacías subido en el armario. —El prior adopta un tono de broma, se trata de no asustar a Jacinto.

—Es que pensé que el armario igual no resistía el peso de la maleta, la quise cambiar de sitio para evitar males mayores.

—¡Pero Jacinto, qué nos estás contando!, ¿qué males mayores? A las nueve de la noche ¿qué haces subido en una silla con el armario encima?, ¿qué esperabas encontrar?

Ignacio ha salido al jardín y se ha llegado hasta la puerta del vallado. Tiene la sensación de que les espían o acechan de alguna manera. En cualquier caso está el coche de Miguel, que, al intuir la figura del monje, se pone en marcha y arranca bruscamente.

Chisporrotea la grava con la aceleración y dejando dos rodadas se pierde en dirección a Vélez. Ignacio no necesita más para saber que Miguel, de algún modo, ha intervenido en el asunto. Ha reconocido el coche e, incluso, el modo violento de conducir de Miguel.

Creyeron que se cerraría en banda y se equivocaron. De pronto Jacinto declara con un tono entre compungido y travieso:

—Me dio curiosidad ver lo que había.

—Pues ya es raro, chico —comenta bruscamente Raimundo—. ¿Cómo puede nadie sentir curiosidad por lo que el padre prior guarda en una maleta encima de su armario? En este caso sentir curiosidad no es verosímil.

—*¿Verozímil qué eh lo que eh?*

—Verosímil —explica con cierto detalle Raimundo— es lo razonable, lo adecuado para una situación determinada. Verosímil, por ejemplo, sería que el padre prior te despidiera ahora mismo.

—¿Me va usted a despedir, padre?

Los velados ojillos de Jacin rebrillan repentinos en la oscuridad, como los de los gatos, alzándose hacia el prior, en demanda de protección.

—En los pueblos se es curioso.

—Eso no es disculpa en tu caso —prosigue implacable Raimundo—. ¿No ves que has quebrantado la confianza del prior con esta imbecilidad de mirar qué había en la maleta? Y, además, yo no te creo. Tienes alguien detrás, ¿a que sí?

—Detrás no. Pero alguien sí que hay. Yo, lo que me han *mandao* que haga.

—¡Imposible este dichoso Jacin! —exclama impaciente el hermano Raimundo.

—Dinos los nombres y te vas en paz.

—*Er Migué y er zeñó Belarte*.

—¡Acabáramos! —exclama el hermano Raimundo.

—Anda, anda, vete en paz —dice el prior— y no vuelvas a hacer lo que te manda nadie, nos preguntas a nosotros primero.

Dejan a Jacinto bajo supervisión del hermano Pablo y salen pensativos.

—La tenemos bien montada, padre prior.

—Digo, y tan montada.

La condesa de la Vela creyó que todo sería más sencillo. Y más Josefo. Creyó que el yermo, gracias a su generosa donación, sería edificante en grado sumo. Creyó sinceramente que el convento de la Gorgoracha iba a ser lo más, en punto a una ascética *aggiornata*. El hecho fue que no acababan de ser del todo comprensibles los hermanos. Y una edificación incomprensible —razonaba la condesa— al fin y a la postre resulta impracticable.

—Una —comentó con Margareta—, una puede cultivar una huertita. *That's feasible*. Una empatiza definitivamente con el canto llano y las asperezas de la vida monástica. Como sabes siempre hemos ido y hemos vuelto de visita cien veces al año, todas las que hicieran falta. Pero falta, ahora veo lo que falta, falta emoción, falta misticismo, falta, Margareta, tremendismo incluso, temor y temblor en este caso. Y eso es culpa, sin duda, de Josefo, que, fraile o no fraile, sigue siendo un puñetero pijo. ¿Están o no, te pregunto, Margareta, no te quedes ahí callada, licuados esos frailes? La frailada líquida yo los llamaría. ¿Qué va a pasar ahora? Eso es lo que quiero yo saber. He llamado por teléfono cien veces y se me pone este Raimundo, un fraile impertinente, que no me apea el tratamiento nunca, señora condesa-señora condesa-señora condesa, y no me pasa la llamada con Josefo, que ha acabado siendo un cobarde o yo qué sé. Este es, tal y como yo lo veo, Margareta, el momento de que la fe diera la cara y la esperanza y la caridad, una comprensión humana después de lo de Abel. Y la cara ahí no la da nadie, solo este seco de Raimundo, hablando en nombre del prior. No lo entiendo, de verdad…

—¿Tomarías, Mariana, un té? *¡The evercheering cup of tea!*

—¡Qué té ni té! No seas evasiva, Margareta. Ten presente que quien sí que me ha llamado y yo a él, varias veces por cierto, es el Belarte. Hemos casi congeniado, te lo digo. Piensa exacto lo que yo: que lo que sea que haya sido hay que explicarlo bien y pronto.

—Sabemos lo que ha sido, Mariana, ha sido una tragedia. Tú tienes mucha fuerza y mucha vida, te admiro sin reservas, ya lo sabes. Pero en esto, esto ha sido una tragedia y ni Matías Belarte, ni tú ni yo, ni Josefo, ni nadie sabemos qué decir, qué más decir o qué hacer o qué no hacer.

¿Estaba la condesa en lo cierto? La condesa estaba remontada, eso es lo cierto. Margareta, que la observaba de reojo, se acarició sus manos deformadas por la artritis. Y evocó de golpe todos los años que llevaban juntas como una serie descabalada de repeticiones y, en conjunto, humorística. Pensó: mi vida ha sido una tira cómica. Y está bien que sea así.

De sobra sabía Margareta que en ese estado ilustre de sobreexcitación en que ahora se hallaba su amiga tenía pálpitos y veía visiones. Y se sentía llamada a otra existencia —otra cualquiera— menos pedestre que la actual, si bien no menos agitada o confusa. En cierta manera el solemne aspecto de doña Mariana, su perfil clásico, su gran moño, su aire abacial, estaban en contradicción con una corriente de intensa, aunque no muy profunda, emotividad que tenía sus picos —como ahora en este asunto de los frailes— y sus tediosos descensos, valles, que nos sorprenden repentinamente porque al verlos pensamos que ya los habíamos visto y una vez vistos los olvidamos instantáneamente. La religiosidad de doña Mariana tenía este punto del turista compulsivo que le lleva a ver todos los sitios y todo lo que hay en cada sitio con tanta intensidad superficial que los acompañantes siempre acaban pensando que hubiera sido preferible quedarse en casa o, como mucho, examinar una vez más con gran detalle, digamos, la glorieta de Manuel Becerra.

Tales fueron a lo largo de los años los duales sentimientos de Margareta con respecto a su amiga. La quería. La admiraba. Estaba muy agradecida y, a la vez, no podía reprimir una sonrisa, como nos hace sonreír un personaje muy aparatoso que, inconsciente de sí mismo, protagoniza una tira cómica. Margareta pensaba con frecuencia que ella no tendría que haber sido agnóstica sino, más bien, creyente. Y el hecho de que hubiese llevado siempre una vida integrada dentro de una confesión tan característicamente institucional como la Iglesia católica, llenaba de asombro a la propia interesada, que se sentía con frecuencia una impostora sabiendo que no lo era en realidad. ¿Pero qué es lo que soy yo en realidad?, se preguntaba Margareta bienhumoradamente en ocasiones. Y respondía siempre: y qué más da. Sea quien sea, esto se está acabando para mí. Y no lo decía ni lo pensaba con amargura, sino con una cierta docilidad resignada, como quien se resigna a no haber sido hermoso o brillante o demasiado inteligente en la vida.

Lo del padre Abel había sido para Margareta una tragedia incomprensible. Siempre le había consultado sus pocos asuntos de conciencia y siempre le había parecido un consejero admirable. Si en alguien resplandecía el don del consejo, era en el padre Abel, en opinión de Margareta. ¿Cómo es posible que no hubiese sabido aconsejarse a sí mismo en el último momento? Margareta era consciente de la precariedad de su salud, de su debilitado corazón, sabía exactamente que con un diagnóstico como el suyo era probable que no viviera muchos años más. Esto, sin embargo, lo había mantenido siempre en secreto —el más blanco e inofensivo de los secretos— sólo para evitar que se remontase Mariana, e insistiera en tratamientos o en curas que con toda seguridad Margareta sabía eran inútiles. Así que esta reserva relativa a su salud era la única reserva que había tenido con su amiga. Da la casualidad de que fue el padre Abel quien le dijo en una ocasión al comentar su agnosticismo: tu agnosticismo da igual, Margareta, tú eres un *anima naturaliter cristiana*: estás unida a Dios por un cordón umbilical invisible para ti misma que no se ha roto nunca. Eres lo que los españoles llamamos, a veces con sorna o burlonamente, en tu caso es verdad, un alma de Dios. Todos estos recuerdos ahora se agolpaban con la rigidez diamantina de una piedra preciosa, un pequeño brillante que parecía indestructible pero cuya significación Margareta no alcanzaba a comprender del todo. Sentirse incapaz de hacer el resumen de su vida y decir esto soy, es lo que la había llevado a concluir que ella era sólo una tira cómica. Algo que todo el mundo repasa rápidamente con la vista una vez que ha leído todo el periódico y se detiene por un instante en esa tira cómica, o en medio hacer el crucigrama.

En realidad el rebote de la condesa aquella tarde tenía un fundamento que Margareta ignoraba. De hecho, se le ocurrió a Margareta después, que venía a ser como un prefacio a lo que siguió. Tras una pausa la condesa anunció que tenían visita aquella tarde: vendrían a tomar una copa sobre las ocho.

—¿Quiénes? —preguntó Margareta.

—Belarte y el Miguel. Les he citado abajo en el *lobby* a las ocho.

Al entrar en el vestíbulo ya se les veía. Eran tres: Belarte con su atuendo pesoísta habitual, el Miguel muy de corbata y chaqueta ajustada, y una chica renegrida que Margareta no conocía ni, por lo que se vio, tampoco doña Mariana. Se sentaron los cinco alrededor de una mesita de aire moruno bajo una gran sombrilla. Doña Mariana tomó, como era costumbre, la voz cantante y Margareta suspendió, como solía, la atención unos momentos para oír cómo caía el agua de la fuente en la fuente. La chica observaba con curiosidad a doña Mariana y de reojo a Margareta. Parecía gitana. Un aire, como solía decirse, hippy. Era muy delgada y llevaba falda larga.

—Menos mal que he dado por fin con una mujer como es debido —le dice Belarte a Miguel dándole un golpecito en la rodilla—. Mariana es como es debido, así tenían que ser todas las mujeres: católicas, si se quiere, eso no importa, lo cortés no quita lo valiente; pero en su sano juicio y no pirada. Los del convento están piraos.

—Lo que están, yo me malicio, es escondiendo lo que sea que sea que esconden —declara Miguel, que sigue en su idea de que los frailes, zorrunos, tratan de ocultar un gran escándalo—. ¿Qué te parece a ti, Ana, cómo lo ves?

—Yo no lo veo. Me divierte veros a vosotros, es lo único. Un fraile se ahorca y vosotros, hala, como buitres, con perdón de la señora baronesa.

—Condesa..., condesa... —precisa Miguel.

El comentario de Ana sorprende, se diría que gratamente, a Margareta. Le parece seco y certero. Y está sintiendo mucho verse envuelta, aunque solo sea como testigo, en esta tertulia de chismosos. Ser chismosa a lo divino, Mariana, es igual de cutre que a lo humano, ha comentado con su amiga alguna vez. Lo cierto es que de ordinario la condesa tiene más de ejecutiva que de chismosa. Y en este segundo papel le resulta a Margareta forzada, como si impersonara un personaje muy menor y muy convencional: el de la ilustre ejecutiva entrada en años. Todo el mundo consulta a doña Mariana cosas, está acostumbrada a participar en reuniones, a tomar decisiones, a reunirse con prelados y banqueros, todo el mundo la escucha, todo el mundo hace apartes con la condesa contándole lo que hay. Doña Mariana siempre sabe las cosas de qué van. Y Margareta ahora ve que es este no saber de qué van sus amigos los frailes lo que impacienta a la condesa y la vuelve hasta vulgar, cominera. La posición de Belarte en esto es, piensa Margareta, comedida y sumamente clara: piensa que cuanto peor vaya mejor le saldrá su nuevo ensayo sobre la imposibilidad y la antinaturalidad de la vida monástica.

Matías Belarte tiene una sección fija en el *Ideal* de Granada. Se titula «El rincón de las verdades». Una sección muy leída y comentada en los círculos intelectuales de toda Andalucía. La opinión semanal de Belarte se distingue por su carácter acerbo y la independencia de sus puntos de vista: Belarte no se casa con nadie. Y se le teme un poco, incluso hoy en día que la prensa de papel ha perdido influencia. Belarte se ha negado repetidas veces a colaborar en tertulias televisadas porque se declara pretecnológico y piensa que la televisión e Internet acabarán con nuestras mentes. Sobre el suceso del convento de la Gorgoracha acaba de publicar un artículo titulado «El Gran Silencio»:

> ¡Qué grande sería el Gran Silencio si no hubiera detrás ningún secreto! ¡Qué grande sería el Gran Silencio si detrás no rebrillaran torpemente los silencios pequeños de las comunidades religiosas! Desde una perspectiva humanista y agnóstica como es la nuestra, esa vieja noción monástica del silencio conserva aún su encanto propio. Es, quiero decir, comprensible estéticamente. Desde un ateísmo actual y consecuente cabe

entender incluso —aunque no se comparta— ese raro carisma tripartito de los tres célebres votos: pobreza, castidad y obediencia. Dejando a un lado la pobreza (siempre relativa, por cierto) de la Iglesia católica, podemos comprender el doble voto de castidad y obediencia en términos de una singularidad o rareza individual que se contagia a una comunidad de raros. Y podemos entender, teóricamente al menos, que para escuchar la voz de Dios sea preciso acallar todas las otras voces, propias o ajenas. Así que el concepto de Gran Silencio no solo es comprensible hoy en día sino que tiene además su raro encanto neogótico, tan de moda en este momento con las películas de vampiros, y las series televisivas de gusto arcaizante. Me propongo examinar hoy un ejemplo concreto de ese célebre Gran Silencio monástico que se está dando muy cerca de nosotros, en los eriales de la Gorgoracha, entre Motril y Vélez de Benaudalla. He aquí que en este convento, que tiene ya una cierta tradición local entre nosotros —lleva funcionando unos treinta años—, ha ocurrido una gran tragedia recientemente: uno de los monjes mayores, el padre Abel, ha aparecido muerto colgando de una viga: un accidente según la versión de los frailes, un suicidio según todas las demás versiones, incluida la del que esto escribe. Sea como sea, lo chocante no es tanto el suicidio como el secreto que se ha tendido sobre este asunto. ¿Por qué el prior de esa comunidad, por lo demás pequeña, o algún otro responsable no responde con franqueza a la legítima búsqueda de información de los periodistas? Tenemos derecho a estar bien informados, máxime en un caso como este en que se nos presentan las vidas monásticas como vidas ejemplares. En España aún no nos hemos librado del nacional-catolicismo y hay todavía una mayoría para quienes la idea de orden religiosa de estricta observancia se adorna en el imaginario colectivo con un aura de santidad. Pero la verdadera santidad sin duda es transparente, clara, como el sol, clara como la luz del sol para todo el mundo. Claros también nos parecían estos humildes frailecicos, anticuados pero pintorescos, con sus maitines y sus laudes y su *ora et labora* y su negocio de hortalizas. En medio de la apacible idea proyectada, en medio del *splendor ordinis*, de la noche a la mañana se instala el violento desorden. Los responsables se callan como muertos. ¿No es sospechoso este silencio ratonil? ¿No es este el silencio de los secreteos y los galimatías eclesiásticos de toda la vida? ¿Por qué no nos explican ahora lo de la resurrección y la vida? ¿Tienen los suicidas también, dentro de la Iglesia católica, su lugar propio dentro de la economía divina? El célebre *ubi est mors victoria tua?,* de san Pablo, ¿se aplica también en este caso? ¿Resucitará también el padre Abel con todos los demás santos de su Iglesia, esos santos a tutiplén que elevó a los altares el mediático Juan Pablo II? Si según nos dicen, morimos para Dios, todos morimos para Dios, también los suicidas, los homicidas, los genocidas, ¿o es más bien que unos sí y otros no? Para colmo de escandalera, se rumorea que este buen padre Abel, este suicida, ha dejado una copiosa obra literaria no editada hasta la fecha. ¿No sería justo editarla ahora? Hay una Iglesia católica militante que lleva dos milenios hablando profusamente acerca de sí misma, la sangre de los mártires es semilla de nuevos cristianos, etc., etc. Y la sangre de los católicos suicidas, ¿eso qué? ¿De qué es semilla este escándalo del convento de la Gorgoracha?

Están atando las lechugas para que no nazcan, llevan los junquillos en un cubo que van moviendo a medida que avanzan por los bancales de lechugas. Van a buen ritmo. Hay que coger con una mano toda la lechuga abierta y cerrarla sobre sí a la vez que con la otra mano se anuda el junquillo. En una pausa Ignacio comenta:

—Por fin están los papeles bajo llave.

—Bien —dice Raimundo—, así debieron estar siempre y nos hubiéramos evitado la charlotada del otro día.

—Solo son varios cuadernos, no es lo que creían, una obra literaria, solo son varios cuadernos y unas cartas.

—¿Cómo sabes todo eso?

—Se lo he preguntado al prior. Ha dicho que no ha leído nada.

—Como debe ser —interrumpe Ignacio.

—Lo lógico es destruirlos —continúa Raimundo.

—Sería horrible hacer eso, sería inquisitorial.

—Sería lo lógico, Ignacio, ¡y vamos, que nos dormimos!

Prosiguen en silencio inclinados sobre las lechugas. El sudor empapa la espalda de Ignacio como un gran mapa oscuro sobre el Mahón azul del mono. Se alegra de estar con esto estos días, la huerta en verano es exigente y se reparten el trabajo casi solo entre ellos dos. Al cabo de un rato Ignacio vuelve con lo mismo:

—¿Por qué dices que lo lógico sería destruirlos?

—¡Y dale! Porque son documentos privados, no fueron pensados para ser leídos por nosotros ni por nadie.

—¿Y si lo fueron? —insiste Ignacio.

—No lo fueron.

—Nos consta —declara Ignacio incorporándose— que el padre Abel tenía un gran talento literario.

—¿Te consta eso a ti de verdad? ¿Te leyó a ti algún texto?

—No, eso no.

—¡Entonces!

—Una vez me dijo —fue casi una amonestación, con tono amable, pero era una riña, yo creo— que me dejase de poesías y de Hopkins, que me dejase de personas interpuestas, de terceras personas, que me quedase con las palabras que solo designan cosas, las palabras utensilio, quería decir, y que no me dejase llevar por la extensión de todas las palabras escritas. Sé de qué hablo, añadió el padre Abel, la letra mata. Ahí lo dejamos.

—Y ahí lo vamos a dejar también ahora, Ignacio, o no acabamos esta bancada.

—Soñé con él de madrugada, estábamos en la cocina como al principio. Fregábamos los platos. No hablábamos. Yo fregaba malamente, gastando mucha agua con el grifo abierto. Me reprendía por eso: «Hay que no ser gastoso, Ignacio». Sonaba la voz más ronca, como acatarrado o bebido. El cacharreo de la loza me despertó con la campana de maitines. Me embutí el mono y bajé corriendo.

La minúscula comunidad se nos ha dividido —piensa Ignacio—. Qué pasaría, ¿eso no pudo preverlo Abel? ¿Cómo no darse cuenta de que le necesitábamos, que nos tranquilizaba su presencia? Todo lo largo de este mes la desazón del duelo cambia y cambia de forma en la conciencia de Ignacio. Interfiere en su oración, interfiere en los trabajos manuales. Le desconcentra a la vez que le reconcentra en el asunto. Ha confesado este sentirse alterado varias veces ya, lo ha declarado en confesión a Raimundo y al prior, los dos le han dicho que no hay pecado en ello, que no es más que el último estertor de la marea de lo sucedido. Pero la marea ha subido y bajado a lo largo de todo el mes con una aceitosidad mecánica, mansa y ausente, como un émbolo lubricado por el aceite de la conciencia inquieta de Ignacio.

La verdad es que Ignacio no lo ha contado todo. Su relación con el padre Abel fue desde el principio mucho menos distante de lo que se consideraba apropiado en la vida conventual. Ignacio recuerda al menos, según cree, con gran precisión una confidencia de Abel: por un instante, en una recreación dominical, Ignacio se sintió depositario de una parte de la reserva del padre Abel: recuerda que le dijo: «Sé que me contemplas con admiración, en eso se nota tu ingenuidad y tu juventud (cuando esto sucedió

Ignacio acababa de llegar al convento, no habría cumplido aún los veinticinco) pero soy el menos indicado, el menos conveniente para ti: porque no soy lo que parezco: yo también estoy lleno de dudas y no son dudas de fe, eso sería, dentro de lo que cabe, comprensible. Son dudas de la angustia, vaivenes de quien se ahoga o siente que se ahoga. Afortunadamente nuestra estricta vida monástica impide, de hecho, intimar: lo envenenado mío es eso que llaman los psicólogos o los psiquiatras o los filósofos el yo individual y concreto, el yo mío, con eso no he podido. Y sé que hago mal ahora hablándote de esto a ti que ingenuamente admiras a un Abel que solo existe en el imaginario colectivo de esta comunidad: el buen padre Abel, abierto de par en par, desnudo como un crío en los brazos de su madre. Yo nunca estuve desnudo en brazos de mi madre, y tú preguntarás: ¿y eso? En aquel tiempo no estábamos desnudos, no nos bañábamos desnudos, no nos mirábamos tanto como ahora. Seguro que tu madre te acaricia, Ignacio. En cambio yo vengo de un mundo distanciado emocionalmente, lo más emotivo de mi vida fue la Trapa, los compañeros, este convento de la Gorgoracha y tú mismo y Margareta». E Ignacio recuerda haber dicho: «Y naturalmente el amor de Dios». Entonces el padre Abel dijo: «Desde luego. Ahí, sin embargo, es donde lo tengo menos claro: es como si ofreciera resistencia, no quisiera ser amado, no quisiera dejarme querer. Pero todo esto que hoy te cuento tienes, por favor, que olvidarlo y si te perturbara, que no lo creo, olvidarlo doblemente». Y el hecho fue que Ignacio obedeció al padre Abel: olvidó la confidencia entregándose a la cotidianeidad, a aquella aventura espiritual de la Gorgoracha que era exaltada pero que tenía un perfil adrede bajo. Las seis horas de oración preceptivas se intercalaban con el trabajo y con la labor social de la comunidad. Era una vida llena de certezas concretas, cotidianas, una vida amistosa con amplio espacio, como decía Ignacio al principio, para hablar de Dios, para hacer sitio a Dios.

Josefo relee, una vez más, los papeles de Abel, que incluyen unas cuantas cartas. Está claro —piensa el prior, apartando la vista del manuscrito y mirando fijamente la pared blanca de su celda— que no se trata, de ninguna manera, de una obra literaria, ni siquiera fragmentaria o incompleta. Todo el mundo, por lo tanto, está engañado. El propio padre prior creyó, antes de comprobar por sí mismo el contenido de estos papeles, que habría ahí, en germen al menos, una obra. Lo que relee, sin embargo, es desconcertantemente escaso y, en cierto modo, trivial. El prior no puede evitar que un otro yo, que es él mismo, entorne los ojos e insinúe con cierta malicia que lo que tiene delante es poco más que una nota de suicidio ampliada. Siente intensa curiosidad, sin embargo. La discreción, la reticencia, la reserva del bondadoso padre Abel, que tanto le habían intrigado años atrás, ahora puede verlas ya a la descarnada luz con que el propio Abel se veía a sí mismo. Es consciente Josefo de que estas ocurrencias suyas no son piadosas ni caritativas, sino sólo vulgares malicias que se nos ocurren cuando vemos desde fuera las vidas ajenas, las vidas de los más próximos. No obstante los muchos años de severa represión de la curiosidad y de la malicia, esta reemerge ahora, adoptando, no la súbita forma de una ocurrencia que puede borrarse con el simple acto de una intención recta, sino que, como una mosca cojonera, ronda el alma y rehúsa ser espantada. Es el tábano gris de una malicia que sólo una conciencia acostumbrada a vigilarse y a suprimir de inmediato las propias malicias, percibiría. Pero el caso es que Josefo está tan trastornado como todos los demás monjes de la Gorgoracha por el suicidio de Abel. Y él es el prior de la comunidad, al menos a él sí que le corresponde entender qué ha sucedido en el interior de esta alma. Una parte de la malicia, pues, está presente en el segundo o tercer nivel de la ocurrencia global del prior como no-malicia, como intención adecuada, como un legítimo tener que saber qué fue lo que pasó en el interior del alma del buen padre suicida. Y para saberlo, no basta, como es obvio, con leer una primera vez el texto, puesto que estos papeles, no obstante su brevedad y relativa falta de hilazón, dicen algo del padre Abel que jamás el padre Abel, ni siquiera en confesión, llegó a decir de sí mismo. Estos papeles dicen el secreto de la taciturnidad del difunto. Y también arrojan sobre su bondad, reconocida por todos, la indirecta luz de una verdad ambigua, espejeante, la verdad de la seriedad de lo negativo, nunca mejor dicho:

Escribo para ocupar este rato tan difícil de ocupar, desde después del almuerzo hasta Vísperas. ¡Ojalá pudiese echar la siesta! Pero eso de la siesta del fraile debe ser una broma anticuada.

Dice el padre Arintero que santa Teresa de Jesús da a entender que la contemplación mística no implica necesariamente el estado de gracia. Si eso fuese cierto, se trataría de un favor gratuito de Dios, que no podría, en rigor, merecerse. Así sucedería que la experiencia de la contemplación mística, en lugar de ser del todo necesaria para nuestra santificación, podría resultar a veces, al revés, perjudicial y peligrosa como todas las gracias extraordinarias, las gracias *gratis data*. Uno no podría no envanecerse siquiera fuese de reojo. Insinúa la santa, por otra parte, que pueden existir personas muy piadosas que, sin embargo, no sean contemplativas en ningún sentido. Estas personas pueden llegar a ser muy perfectas, mucho más virtuosas incluso que otras muy contemplativas. ¿No se sigue de aquí que podrían darse almas absolutamente excluidas del estado místico que, sin embrago, podrían muy bien igualar y aun superar en perfección a las muy místicas, las contemplativas en alto grado?

¿Implica, o no, la contemplación mística el estado de gracia? Parece que no: la contemplación de Dios sería un favor completamente gratuito que no puede merecerse: nadie merece nada ante a Dios, ¿es esto verdad? Llevo toda la vida dando vueltas a estas cosas: me he esforzado, partiendo de mi singularidad e imperfección, en recorrer la vía ascética sin permitirme nunca el lujo de contar con la unión divina o contemplativa con Dios. Pero sí que me he esforzado en merecerla. Ahora bien, la idea de merecimiento conlleva la idea de comparación: los actos meritorios, las personas meritorias se comparan entre sí. Merecer tiene la misma raíz latina, *merere,* que meretriz. En latín, *meretrix* designaría a aquella mujer que se gana la vida por sí misma. Emérito es el jubilado, el que se ha ganado su retiro. Yo soy ya casi un emérito de la vida monástica. ¿Tengo derecho a esperar una jubilación adecuada? ¿Me he ganado el retiro?, ¿he merecido terminar en paz y en luz el servicio divino? La respuesta es que no, nadie merece el retiro y el descanso divino. Dios da su gracia a quien quiere, no es lícito echar cuentas o pedir cuentas a Dios. Pero hay un cierto pedir cuentas en la frase de san Pablo que dice: «He combatido el buen combate, he guardado la fe. Y ahora espero la corona de la justicia que me está preparada». También yo he combatido el buen combate, he sido una buena *meretriz* que se ha ganado la vida por sí misma, según la etimología. He merecido la gracia de Dios. ¿Pero no es esto blasfemo? Es más, si la gracia sobrenatural no fuera un don gratuito, si pudiera merecerse, entonces no sería una gracia extraordinaria sino ordinaria. Y no sería gracia sino mérito, o incluso trámite: todo aquel que se esfuerza ascéticamente merecería la divina gracia, cosa que no parece verdadero y, sin embargo, lo contrario suena muy injusto.

Bien podría suceder, en un caso como el mío —sé que estoy excluido de la experiencia mística—, que haya merecido por mis esfuerzos algo más que un simple justiprecio. No puedo remediar reírme de mí mismo al escribir esto. Son ocurrencias que me vienen de escribirlas, no de pensarlas o de rumiarlas habitualmente. Es al ponerme a escribir y al recordar, más o menos por casualidad, un texto del padre Arintero sobre santa Teresa, que se me ocurre este revoltijo de los merecimientos y la gracia que no debiera preocuparme. Y es que mi conciencia, al escribir, se torna un pelagartal: una tierra baldía, incultivada, incultivable, pedregosa. Esto sucede al escribir, no al ir viviendo mi vida monástica habitual, mi verdadera vida. Escribir es malsano por eso, porque hace surgir un erial donde antes no había sino acción recta, intención recta: mi vida cotidiana. Y así ahora, al escribir, se me ocurre aborrecer mi atrevimiento, mi celebrado don del consejo. A lo largo de mi vida he dado consejos, buenos consejos, a personas que me han escuchado con devoción y reverencia porque yo era un sacerdote de Cristo, que han hecho lo que yo les decía con firmeza y seguridad: aseveraciones, sin embargo, de las que yo mismo no estaba tan seguro. Aconsejé a muchas mujeres soportar a su inicuos maridos con paciencia cristiana. Les dije: es lo que Dios quiere. ¿Cómo sé yo lo que Dios quiere?

Escribir es un intento impío de autocomprensión que deja a Dios de lado mientras echo cuentas.

Esta celda es de sobra. Al escribir esto vi que todo lo demás (lo poco que había) me sobraba también. Así que la silla y la mesa sobre la cual ahora escribo esto y la pluma estilográfica (un regalo de mi juventud) cerrarían el círculo de lo que tengo y he dejado de tener y no deseo tener más. Pero no se cierra este círculo porque el círculo aún está abierto de par en par por mi tiempo restante y mi propia conciencia irreducible, mi mismidad impía. Con ese resto aún abierto todo lo demás se reabre a la vez. Y me saca fuera y me rodea de posesiones, deseos, incumplimientos. Es un lleno vacío, un relleno. Un relleno, movedizo por inmóvil que parezca, un ruido atronador por callado que esté yo mismo, o silencioso, en torno mío, este convento mío que he llegado a amar por apego a mi existencia. Ahora es la hora de decir: he fabricado cuidadosamente la nada. Y no he llegado a ningún sitio. Ni veo cosa alguna. Da igual que cierre los ojos o que los abra, no veo ninguna de las cosas que se ven. Pero esta ceguera en mi caso no es la que súbitamente afectó a Pablo como se cuenta en los Hechos de los Apóstoles. «Saulo se levantó del suelo y, con los ojos abiertos, nada veía.» En mi caso la ceguera no procede de Dios, es mi propia privación espiritual. Hubo un tiempo en que leyendo al maestro Eckhart me consolaba leer esto que tengo aquí delante copiado en mi cuaderno de notas: *Por la luz del cielo entendemos la luz que es Dios y que ningún sentido humano puede percibir, por eso san Pablo dice: «Dios habita en una luz inaccesible que nadie ha podido ver». Con ello dice: Dios es una luz a la que no hay acceso. No hay camino hacia Dios. Quien todavía anda en el subir y en el crecer en la gracia y en la luz ese aún no ha llegado a Dios. Dios no es una luz creciente, aunque hay que haber llegado a él mediante el crecer. En el crecer no se ve nada de Dios. Si Dios tiene que ser visto tiene que ser en una luz que es Dios mismo. Un maestro dice: en Dios no hay ni menos ni más, ni un esto ni un aquello. Mientras estamos en camino no llegamos*. Lo mío es mucho más trivial, mi ceguera es connatural: soy ciego de nacimiento. Y recorrer de aquí hacia atrás mi vida aquí en este convento no es posible (ni sería consolador) porque los hitos de mi vida, los que puedo enumerar, no me dicen nada acerca de quién soy ahora o qué debo hacer. ¿Y qué otra cosa podría recordar a excepción de esos hitos? Esos monolitos, la decisión de venir aquí, la decisión de perseverar, la inicial sensación de haber sido inmerecidamente agraciado por la gracia divina (esto duró años enteros), la experiencia de la oración litúrgica, cada vez más mecánica, el escrupuloso examen de conciencia (esto duró años enteros), la decisión de dejarme impregnar por la máscara de mi figura monástica, parecer amable, parecer piadoso, parecer bueno incluso, o hacer incluso el bien a algunas personas, así cuando hablaba con Margareta, sentirme rodeado de la admiración y el afecto de los monjes más jóvenes, la imposibilidad de rezar, la decisión de no contar nada de esto, la primera impostura: empecé a fingir que yo era el monje que los demás querían que fuera. Creer en Dios y cumplir puntualmente con mis deberes monásticos no me iluminaba, el objeto divino seguía tan oscuro como siempre, pero *hacía* sentido: daba sentido a la vida. Me ayudaba a vivir en un mundo ordenado desde afuera cuyas normas de circulación yo sabía de memoria y podía cumplir con toda exactitud. Y durante muchos años no me impacienté, me sentía estéril, me sentía inútil, y recordaba miles de textos como el anterior que me animaban a seguir sin dar vueltas alrededor de mí mismo. Recordaba que nuestro Señor dijo: «Acordaos cuando os hablé, no visteis ni imagen ni semejanza. Cuando el hombre abandona la muchedumbre, Dios se da al alma sin imagen ni semejanza». Y yo pensaba: yo he abandonado la muchedumbre, ¿y se está Dios dando en mi alma sin imagen ni semejanza?

La peor decisión fue no querer hablar de esto con nadie. Hubiera podido hablar con Josefo, hubiera podido hablar con Raimundo. Pero yo era el mayor de todos ellos y hubiera tenido que empezar por el principio. ¿Valía la pena? Cuando se llega a un nudo en la vida, para empezar a desatarlo tenemos que ir desanudando uno por uno todos los nudos que componen el nudo. Y en ese desanudar, en ese hablar de la propia vida, a la vez que los nudos se deshacen se atan nuevos nudos. Son nuevos porque se anudan al hablar con los demás, quienes, por íntimos que sean, no acaban de entenderlo todo bien. En realidad uno no tiene una historia que contar excepto el entorpecimiento progresivo de uno mismo, la lentificación, la sensación de no haber llegado a ningún sitio. Pero si contara esto a cualquiera de mis amigos dirían: pero no ves que has llegado a un sitio ya, estamos aquí y nosotros estamos contigo. Nuestra vida común es la prueba, por lo menos para nosotros tres, de que estamos aquí y hemos llegado a alguna parte: a esta parte de España, a este pueblo de Vélez, a este convento un poco cómico que es el convento de la Gorgoracha. ¡Está todo bien, deja de ser tan complicado! ¡Que tu ojo sea sencillo! Esto me dirían. Pero si me dijesen eso yo asentiría y les diría que me han convencido para no seguir la conversación. Les daría la razón para evitarles. Para no tener que entrar a discutir la cerrazón indiscutible, intransitable en que me encuentro. Por eso prefiero no contar nada y arriesgarme solo a no ver nada. Sin embargo, cuanto más me callaba y cuanto más idéntico al yo que todos conocían trataba de ser, menos capaz me sentía de creer en lo que rezaba o en lo que suplicaba. Repetía una y otra vez las oraciones de siempre, lo repetía todo veinte veces. No puedo ya rezar la oración vespertina, ha llegado mi hora. Tengo que librar a mis hermanos de la presencia viscosa en que me he convertido para mí mismo. Si no tengo cuidado acabaré contagiando a todos de esta parálisis viscosa que cada vez me hunde más como si estuviera siendo atacado desde fuera por un estribillo monótono persuasivo: termina de una vez, no des más vueltas, termina de una vez.

Querido padre Abel:

He acompañado a Mariana a una reunión en lo alto de Serrano y he preferido regresar a pie a nuestro piso de Alfonso XII. Llevaba ya varios días pensando escribirle esta carta y, ahora que me pongo, solo se me ocurre volver a darle las gracias por la alegría y la seguridad que me dejó la conversación que tuvimos hace un mes paseando por el claustro de la Gorgoracha. Al llegar a la Puerta de Alcalá ya atardecía y las arboledas del Retiro se inclinaban del lado del viento con un rumor visual (porque el ruido de los coches no deja oír los árboles) y otoñal, que me hizo pensar en lo que usted dijo de la manifestación de Dios en las criaturas y en los paisajes. Ahora que estoy mayor y algo peor del corazón que antes, acompaño menos veces a Mariana a sus asuntos y tengo más tiempo para mí, como le dije. Tengo la sensación de estarme preparando como quien va a irse de vacaciones y antes de irse recoge sus cuadernos y sus libros y sus labores y deja su cuarto ordenado hasta el regreso. Tengo esta continua sensación confortable pero a la vez excitante de acabamiento. Dentro de no mucho, cuando sea, yo me acabaré. Y siento, como ante unas vacaciones, ganas de empezar a terminar, ganas de dejar tranquilamente todo esto que es mi vida y entregarme en manos de la compasiva y recta muerte. Como le dije este no es un sentimiento triste sino, más bien, alegre aunque no lleve consigo dilatación sino, más bien, recogimiento y entrega. Usted diría, supongo, que esto es que he aceptado dejarme en manos de Dios. No tengo inconveniente en expresarlo así aunque me hace sonreír (yo soy guasona, como usted sabe) esta imagen tan antropomórfica de las manos de Dios: no creo que haya nada parecido al acogimiento tras nuestra muerte o tras mi muerte, solo la pacífica disolución de todos los recuerdos y de mí misma. Tuve una vez un pretendiente cuando era muy joven (más bien la pretendiente era yo) y el chico, en aquel momento, solo alguien de quien estaba enamorada. Pero sin embargo el encanto de la situación consistía en que aunque yo era la más interesada en que la relación continuara, él se mostraba más interesado que yo en hacerme creer que aquello duraría y sería algo definitivo: yo no lo creía. Era un chico muy guapo y muy moreno que estaba acabando Derecho y que conocí en uno de aquellos guateques que se organizaban en las casas en el Madrid de los años cincuenta. Durante algunos meses (en realidad solo duró medio año) no podía pensar en otra cosa. Recuerdo que le seguía con la vista cuando salía de la sala donde estábamos y que esperaba, como suspendida, que volviera a entrar. Y durante algún tiempo siempre volvía, con una copa en la mano o con un cigarrillo o ambas cosas. Y recuerdo que desde un principio contaba yo con que nada sucedería y que aquello se acabaría. Y recuerdo que ese sentimiento, esa resignación si quiere usted llamarla así, me servía para disfrutar más lo que tenía a mano cada instante. Pensaba: la poca duración de este amor lo vuelve todo más intenso, más resplandeciente, me transfigura, como a veces nos hacen sentir los paisajes, olvidados de nosotros mismos, embebidos en su sustancia terrenal, inconmensurable, cruzados por el aire y la luz, transfigurados ellos mismos en lugar de nosotros. Esto nunca dura mucho rato. Y se parece mucho a la emoción amorosa que yo sentía entonces: era intensa, era sincera, era muy profunda, y yo era consciente de que tenía que aceptar que tenía fecha de caducidad o de vencimiento. Y me sentía tranquila porque no deseaba apropiarme del chico aquel, solo estaba contenta de que lo que en aquel instante sucedía me sucediera a mí. No esperaba nada más. Oyéndole hablar a usted de Dios en nuestra última conversación entendí que se parecía a lo que sentía yo con el chico aquel que a la vez estaba muy cerca dentro de mí y, a la vez, muy alejado pues no acababa de poseerlo. Y esto me llenaba de insaciabilidad y, a la vez, de paz. Todo había sucedido ya y yo lo contemplaba desde lejos: me veía a mí misma en el pasado desde lejos. Como me veo ahora. Siento haberme alargado tanto en esta carta que solo tiene por objeto mantener con usted la comunicación que tanto bien me hizo la última vez que hablamos.

Suya afectísima, Margareta.

Las cartas de Margareta siempre me dejan agotado. He aquí un alma que no ha deseado ser nada ella misma y ahora resplandece ante mí con todas las virtudes de un alma de Dios. Le dije lo que pensaba cuando hablamos y era eso: que a pesar de su agnosticismo tenía una connaturalidad con lo mejor del mensaje cristiano: *anima naturaliter christiana*. Pero sus cartas me dejan exhausto porque brotan de una fuente de agua a la que yo no tengo acceso: no tengo acceso a la sencillez de corazón. Lo he complicado todo tanto en mi interior que ni siquiera puedo ahora (ni debo) contar todo esto que soy a nadie. ¿Cómo podría entenderme Josefo o Raimundo o, incluso, el joven y bienintencionado Ignacio? ¿Cómo podrían dirigirme si yo mismo circulo en todas las direcciones a la vez esparcido en una insubordinada muchedumbre de intenciones contradictorias? He logrado cerrarme tanto y disimularme tanto en la vida rutinaria y verdadera de esta casa que ahora solo puedo ya ser un escándalo. No puedo ya revelar nada o decir nada de mí tranquilamente y por partes, solo puedo deshacerme de golpe. Deseo dejar de ser, deseo no ser. Y que Dios haga de mí lo que quiera.

Querido padre Abel:

En su breve carta (tan llena de benevolencia) me decía que morimos para Dios, aunque quien se muere no sea consciente de que es así, o no lo crea, como es mi caso. Esta observación suya, sin embargo, en su sencillez (viene a ser como el final feliz de una película) me vale para entender esta cómica falta mía de interés o preocupación por mi propia muerte. Así que pensar, como usted me indica, que tendrá lugar en Dios o para Dios (da igual lo que yo crea) cabe dentro de la lucidez tranquila, sonriente, soñolienta, con que aguardo la hora de mi muerte. De tanto acompañar a Mariana a reuniones de alto nivel filosófico y teológico estos años he ido quedándome con cosas: por ejemplo que el hombre es un ser para la muerte. En esta frase parece darse por supuesto que la muerte, como tal, tiene para el hombre que muere o la mujer que muere un significado específico. «Señor, da a cada cual su propia muerte», decía Rilke. Esta última frase del poeta checo-alemán me ha gustado siempre mucho aunque, una vez más, no haya llegado a creérmela del todo. ¿Cómo va a haber una muerte para cada cual? Ni aun la hipótesis del Dios más providente y omnisapiente podría estar al tanto del azar de todos nuestros millones de vidas y muertes, tantas veces, accidentales e impropias. Muertes súbitas como dicen los médicos que el súbitamente muerto no ha podido apropiarse porque se le echó encima su cese, una insuficiencia respiratoria mientras nadaba. Y también sé lo contrario, es decir, que lo he oído contar: lo contrario de lo que usted, padre, me decía que morimos para Dios es que morimos para los otros y no para nosotros mismos, morimos para nada. Y la muerte es absurda. Esta idea de que sea absurda mi muerte o la muerte en general, perdone el atrevimiento, casa más con mi sentido de la vida que la idea de final feliz que usted tan amablemente me proponía en su carta. Moriré para nada de la misma manera que he vivido para nada, para ser adoptada y acompañar a Mariana a los sitios. Que conste, padre, que este ir y venir de Mariana siempre me ha encantado. Al fin y al cabo era una versión religiosa del *going places* que diría la propia Mariana.

Agradeciéndole su atención, suya afectísima, Margareta.

En una entrevista que leí hace ya años decía Sartre que le gustaría terminar los muchos libros que tenía empezados. Y añade que le gustaría lo mismo escribir otra cosa. Por ejemplo, decir la verdad. Y dice: «Es el sueño de todo escritor que envejece». Esto me fascinó hace años cuando yo aún no me sentía envejecer, no tenía achaques. Tanto me gustó que apunté lo que sigue: Decir la verdad, en una entrevista con Sartre: «Piensa que no la ha dicho jamás (y no ha hecho más que decirla) está desnudo». Ahora yo soy ese que envejece: «*I grow old, I grow old, I shall wear the bottoms of my trousers rolled*». Este sueño es también mi sueño al envejecer. Pero a diferencia de Sartre (o de la intención de Sartre, da igual que él mismo fuera mentiroso, sus textos nunca mienten) yo no he hecho más que callar la verdad. Y ahora ya no se trata de decirla sino de hacerla ver: mi muerte buscada tiene que ser eso, un decir la verdad que siempre he evitado: un acto final que no me iluminará ya a mí (salvo negativamente) pero que dejará a los demás, a mis hermanos de la Gorgoracha, con la certeza de quién fui realmente, el impostor que fui. ¿Y Dios? ¡Qué más da Dios! Seguro que Dios puede entender todo esto por sí solo. «¿Cuánta verdad soporta, cuanta verdad osa un espíritu, el error no es ceguera, es cobardía!» (Nietzsche/Sartre, p.21). Entré en el convento para no ser libre, para detener la *verificación*, que diría Sartre. Había en mí dos cosas contrarias: (escribo con fruición, poner por escrito todo esto es fruitivo y es una experiencia rara: la perplejidad es como una fuente de agua viva estos días. ¿Cómo podría explicarle esto a Margareta? Esta alegría de vivir, repentinamente, de escribir, lo mal pensado que me rebosa por todas partes como un eccema, la impiedad): dos cosas contrarias: había una exigencia de no detención de la verificación aplicada en mi caso a una verdad (la verdad revelada) que me había sido dada por los otros. Yo amaba esta verdad dada, revelada, acomodada en dogmas y en virtudes. Y por otra parte yo percibía que era una verdad esclerótica que se hundía en la no verdad, al menos en lo que a mí respecta porque yo solo tenía que repetirla, adorarla, ceder: no tenía que imponerme, no tenía que ser yo. Cristo vivía en mí y me camuflaba. En el convento me volví invisible, camuflado, a salvo, estaba a salvo. Todos los sacrificios me parecían poco. La Regla de san Benito entera me parecía laxa, una selva de preceptos y de subordinaciones y consejos que me acunaban en el Espíritu Santo como en una madre equívoca. Y rezaba como un niño en el pecho de su madre: así está mi alma ante ti, Señor. Y así estaba. ¿Cabe una impostura mayor? Era estupendo, aquello era estupendo, era el seno materno, el útero abrigado, la blanda, amorfa indiferencia donde todo lo que había que decir y pensar y sentir estaba de antemano ya dicho y pensado y sentido en los salmos, en el Cantar de los Cantares. Era tan fácil. Y nadie me veía. El único sacrificio que no hice (contra lo que pensaban los catetos de la provincia) fue el sacrificio de mi inteligencia o de mi voluntad o de mi yo, ¿qué yo? Soy consciente de estar enviscándolo todo, confundiéndolo todo. ¿Es eso lo que estoy haciendo? Recuerdo que yo leía absorto: «*Ecce mitto angelum meum*»*: Mirad que yo os envío a mi ángel. ¿Qué significa en un escrito silenciar la palabra yo? Se refiere a la inefabilidad de Dios, que Dios es innombrable y que está* *más allá de toda palabra, en la pureza de su fondo en donde Dios no puede contener ninguna palabra ni discurso, en donde es inefable e indecible para todas las criaturas. Por otro lado quiere decir que también el alma es inefable y sin palabras; cuando se la comprende en su propio fondo, entonces es indecible e innombrable y allí no puede tener ninguna palabra pues allí está más allá de todo nombre y palabra. Eso quiere decir cuando es silenciada la palabra yo, pues allí no encuentra ni palabra ni discurso*. Recuerdo que me sentía transportado y exaltado por estos textos: yo no era yo, había desaparecido. ¡Había tanto que ocultar! Entré en el convento para no ser libre, para ocultarlo todo, sepultarlo todo, clausurarlo todo en el claustro. ¿Quién quiere ser libre? ¿Quién quiere ser un yo por grande que sea, por brillante que sea? La delicia de no ser yo. Y escapar. Salvarme. La Santa Obediencia. *Apártate de tus deseos*, nos recuerda san Benito en la regla. Todas mis ansias están en tu presencia, por tanto hay que guardarse del mal deseo porque la muerte está apostada al umbral del deleite. Era fácil. Guardarse del mal deseo era espléndido. Fácil. Era un agujero donde yo huroneaba a salvo en la obediencia, en la castidad, en la pobreza, en la fabricación de la nada, en mi interior no había nada: lo que había era un mal deseo. Me acostumbré a fingir. Y pensaba: «Si durante tiempo y tiempo finjo e imposto la voz que habla de Dios, acabaré yo no teniendo voz ninguna y salvándome». De eso se trataba. Y, a la vez, descubrí que Sartre (una vez más este dichoso personaje) distinguía entre el proyecto de la buena fe versus el proyecto de la ignorancia, la abdicación de la verificación que va unida a la abdicación de la libertad. La mala fe y la buena fe. Yo tenía mala fe, yo era un impostor. Y así pasaron los años. Decidí no contar nada, no contarme nada ni siquiera a mí mismo. Y alcancé la bahía de la tranquilidad sosa y vacua y leve y aparentemente bien formada de la perfecta impostura, yo era el buen Abel.

Querido padre Abel:

Me ha sorprendido agradablemente que me pregunte por qué no busqué otro chico después de aquel chico. Sus cartas, padre, son siempre cortas y muy frías, cosa que yo agradezco. Agradezco el frío, agradezco la nieve. De todos los poemas del mundo el más bello es uno de Guillén: «Enero se alumbra con nieve silvestre/si verde si blanca». Yo amo la nieve silvestre. Dada mi artrosis o reúma o como se llame (hay cuatro mil trescientas veintisiete clases de reúma, así que el mío no es nada singular, soy una del montón). Me ha sorprendido intensamente que me pregunte usted en su breve carta por qué no proseguí. Me pregunta usted por qué no me puse a tiro de otro chico, por qué no busqué a otro (al fin y al cabo, como usted bien dice todos los chicos son iguales, todos los gatos son mortales). Desearía poder decir que no busqué a otro porque no pude olvidar al primer chico que me dijo qué buenos ojos tienes. Pero eso sería mentira. ¡Es extraño que en su breve carta me pregunte usted semejante cosa! Me pregunta usted por qué no proseguí. Al fin y al cabo yo no era un buen partido, pero no era fea, era corriente, aún lo soy. Así que hubiera podido jugar mejor mis cartas. Dar con uno en mi línea, uno como yo. Y usted quiere saber por qué me cerré en banda. Tampoco yo lo sé. Lo natural hubiera sido desear ser fecundada, tener un hijo, una casa, una mantelería de nipis, un hogar (según se dice), ser madre, todas las cosas tontas y verdaderas y convencionales que se dicen. Lo natural hubiera sido ser igual que todas las chicas de mi edad y mi generación. Solo que yo era una excepción, yo era una rara. De puro rara que era, no seguí, lo dejé todo para ser la acompañante de Mariana, cuyos padres al fin y al cabo, cuya familia, me había acogido viniendo yo como venía de la guerra y el descalabro y el fracaso. Me acogieron porque yo era una pobre niña austriaca que no sabía hablar español, solo sabía decir: «Muchas gracias» y «Yo nací en Viena, una ciudad que no recuerdo, bombardeada». Era natural que yo pensase que ahora era lo mejor: Mariana tenía tanto que decir, tanto que hacer. Yo era la escudera de Mariana, la Sancho Panza de Mariana. Y fui feliz así. Su pregunta, padre Abel, hace que me sienta una impostora. Sé de sobra que no es esa su intención pero la pregunta me sorprende. Es como si quisiera usted acusarme de no haber sido auténtica, de no haber deseado, de no haber seguido deseando los deseos. Y tendría usted razón, padre Abel: yo no seguí deseando los deseos. Era preferible acompañar a Mariana y ser segunda, y ser no-ser y ver el mundo, entornado, desde esta perspectiva apocada de que yo era una niña adoptada, una niña austriaca con el pelo muy rubio y la piel muy blanca que fui envejeciendo dulcemente siendo quien no era. Por eso no seguí pensando en ningún chico y aquel chico que me olvidó no es ahora nadie ni yo tampoco, padre. He adoptado la dulce imagen de la recta muerte que se avecina y me invade.

Sus cartas y mis cartas que le escribo son, últimamente, mi sustancia. Esto durará tan poco tiempo que cuando respiremos de nuevo, no habré sido, eso es estupendo: no haber sido. Afectísima, Margareta.

Estas cartas me sacan de quicio. Esta imbécil. La sinceridad me saca de quicio, la autenticidad me saca de quicio. Si pudiera matarla, negarla. Esta estúpida feminidad borboteante, esta estúpida lujuria borboteante. Estoy tan confundido. Margareta dice la verdad. Ella ha sido consecuente, ha sido libre. En cambio yo elegí no ser libre, ahora veo claramente la falta de sustancia de mi elección: elegí lo más fácil, elegí el dogma, la Iglesia, la sumisión, la negación. Y una figura diminuta que es consciente de su muerte me agobia porque me dice la verdad, la verdad que yo no. Pero a la vez yo creía sinceramente que había un acceso al ser mayor que el cual nada puede pensarse. Yo elegí trascender esta existencia. ¿Quién no quiere trascender esta existencia? Cuando llegó Ignacio al convento decidí que no podía decirle la verdad, tenía que conservar a Ignacio en su engaño. Yo decidí que Ignacio permaneciera engañado en su engaño. ¿No es esto suficiente? ¿No explica esto de sobra lo que voy a hacer ahora? Ahora le desengañaré. Desengañar es dar un gran golpe, inolvidable, mortal. Si no sobrevive a este golpe Ignacio, no vale un duro lo que cree. Yo creo que lo que cree no vale un duro. En el mar de níqueles centelleantes todos los destellos se parecían y yo me he confundido: Dios no existe. Yo le hago existir suicidándome. La amargura de todo esto, ¿no es de sobra prueba de la falsedad de mi vida? He aquí que no he amado la hermosura de tu casa ni el lugar en que habita tu gloria. Pierde mi alma, Señor, con los impíos, con mi conciencia impía. Si tú existes sabrás que yo te amaba vagamente, imperfectamente, como aman las criaturas, ¿no es esto suficiente explicación?

¿Y cómo he llegado a esto? Yo estaba envuelto en el catolicismo (ni siquiera en el cristianismo sin más), que era envolvente en mi juventud. Lo que yo era al empezar la universidad, de joven era cristiano, es más, católico. Eso no fue una opción sino un envolvimiento. En cierto modo el catolicismo me hizo ser quien era, me hizo pasar de mi juventud literaria, seudofilosófica, ambigua, a una conciencia más firme de mí mismo, más claro fue de pronto saberme católico que saberme casi cualquier otra cosa. Eso y mi singularidad, mi yo singular, que permanecía velado u oculto, mis inclinaciones, mi particular torcimiento que no era más que otra vez lo mismo, yo mismo. Nunca fingí, eso es cierto, haberme liberado del catolicismo. Pero si no me había liberado tenía que tomarlo en serio. Así que pensé que era honrado por mi parte convertirme al catolicismo, que era lo que yo ya era desde que fui bautizado en la fe católica. Al hacer esto y al decidir entrar en religión me sentí libre: no me sentí violentado ni forzado sino que me sentí a gusto como alguien que por fin se reconoce a sí mismo. En realidad sentirme integrado en la fe de la Iglesia católica fue la gran revelación de mi juventud, el gran reconocimiento. Entrar en la orden fue quizá un exceso, como el exceso de alguien que, teniendo mucho que decir, no acaba de acertar a explicarse bien del todo y adopta una posición relativa cualquiera: se elige miembro de una profesión o se elige casado en vez de soltero. Yo me elegí monje católico. Ahí quedaba integrado el envolvimiento que desde un principio presidía mi vida más mi yo singular que no daba juego ya por sí solo. Me ahogaba la subjetividad, la mía en especial, y decidí tomar en serio lo creído en el credo, los dogmas, la fe de la Iglesia, de tal manera que mi conciencia, mi entendimiento y mi corazón se especificaran por mi objeto, lo creído, lo pensado, la tradición en la que me hallaba y no por mi subjetividad, irritada, alborotada, insuficiente. Convertirme en un monje fue al principio una posición maravillosamente adecuada que resolvía todas mis contradicciones y me permitía ser libre en el sometimiento. Ser yo mismo en la obediencia a los otros. Y por extraño que parezca ahora, aquello fue un principio fecundo cuya irradiación, como un auténtico don del Espíritu Santo, permaneció en mí vigorosamente creciente durante muchos años. El caso fue que llegué todo lo lejos que se podía llegar en la actitud natural: me convertí en un buen asceta y eso no es suficiente. Y entonces quise hacer una suma que fuera totalizadora, que abarcara todo lo anterior, toda mi vida, y quise dar el salto al otro lado. El otro lado era un muro infranqueable. La oración de reconocimiento y de quietud, yo había llegado ahí. Y no había consecución, no había progresión. Lo que hubo, en cambio, fue que cobré muy buena fama entre mis hermanos. Empecé a parecer lo que no era o mejor de lo que era o más pleno de lo que yo mismo me consideraba: empecé a ser para los otros más y más cada vez y menos y menos a ojos de Dios, ante mí mismo, porque no había en mí raíz ninguna de verdadero amor, solo arrogancia, solo impaciencia, solo sentirme llamado a un progreso espiritual que de pronto se hundía en la arena como un riachuelo, se secaba. Y, a la vez, es verdad que yo era un buen asceta, solo que eso es insuficiente. La omnipotencia de Dios, su gracia, tendría que haberme vuelto dependiente por completo, pero ocurre, como subraya Kierkegaard en su diario, que la omnipotencia absoluta implica al mismo tiempo el poder de retirarse y no ejercer presión, ceder para que la criatura pueda ser independiente. Es lo que Dios haría al ser, por definición, Dios-madre. Porque la bondad maternal de Dios consiste en dar sin reservas pero conteniendo la propia omnipotencia, confiriendo independencia a la criatura. Este es el momento de la angustia. Dios mismo provoca esa angustia, abandona al ser a la posibilidad prohibida de elegirse finito, limitado, por un brusco retroceso de lo infinito: recuerdo el comentario de Sartre a este texto de Kierkegaard: «Nos hallamos ante la interiorización del desamparo que termina con la libre realización de la única posibilidad de Adán abandonado: la elección de lo finito [...] yo es la finitud elegida, es decir, la nada afirmada y cercada por un acto, es la determinación conquistada por el desafío, es la singularidad del extremo alejamiento».

En aquellos años, en el entorno de la condesa un proyecto como el nuestro parecía chic, de un buen gusto posconciliar a tono con los nuevos tiempos de Juan Pablo II por una parte y lo suficientemente poco comprometido políticamente (teología de la liberación incluida) como para resultar autorizado tanto por la orden como por la jerarquía eclesiástica: éramos una joven rama de una antigua orden monástica (esta fue la versión oficial) que ha tomado suficientemente en serio la oración y la contemplación como para no oponerla superficialmente a la acción pastoral. Íbamos a ser un poco contracorriente, un poco anacrónicos, pero eso podía presentarse en determinados circuitos eclesiásticos como una bienvenida variación a la Iglesia militante del compromiso social y político de la época.

Están los tres solos, han bajado a la huerta para sentarse en el banco debajo de los pinos. Embutidos en sus monos azules los tres miran al frente. Son pasadas las diez de la mañana, es pleno mes de agosto, ha bajado considerablemente la temperatura aunque hace todavía mucho calor. Se agradece el viento serrano muy pronunciado hoy tras días y días de calima. Los tres miran al frente. Vistos de perfil representan tres generaciones de monjes: los mayores, de la edad del padre Abel, como el padre prior; la generación media del hermano Raimundo; y la joven del hermano Ignacio. Durante un rato guardan silencio. Es el silencio pequeño y fraternal que se guarda como instintivamente con los más íntimos. La bancada de lechugas recién atadas luce frente a los tres con su enérgico aire de huerta y ensalada. Y el tomatal vigorosamente erguido en torno a las cañas trae un olor cálido, una seguridad de labrantío. Se han reunido esta mañana, suspendiendo el trabajo a instancias del prior, para hablar, ha declarado Josefo. Y ahora parece que ninguno de los tres se adelanta a hablar como si cada cual esperase una señal del otro para iniciar una conversación que no puede ser ahora del todo espiritual, ni del todo tranquila. Los tres son conscientes de que han pasado juntos muchos años y, sobre todo los dos mayores, saben que del posconciliar «amor al riesgo» de los años setenta han recorrido ya muchas leguas en su intento específico de devolver a la santidad su valor más humano. Esta es una hora tensa para los tres hermanos del convento de la Gorgoracha. Los tres paladean el aire de Sierra Nevada, la sierra invisible como el silencio invisible de la nieve ausente que, en pleno agosto, Ignacio evoca con los ojos entrecerrados. Como en una nostalgia pasajera del invierno cuando *enero se alumbra con nieve silvestre*.

—¡*Fó*, hermanos! No es que no tengamos de qué hablar —comenta el prior con la mirada fija en las lechugas.

—Tenemos y no tenemos tanto de qué hablar —dice Raimundo.

—Lo del Belarte es una cabronada —prorrumpe Ignacio.

—Tiene algo de razón —comenta Raimundo.

—La intención es malsana —declara con firmeza Josefo—. ¿Qué esperaba que hiciéramos? ¿Tenemos realmente que tener una consideración especial con la prensa como institución que somos? A mí me parece que no.

—Ya. Pero el asunto se nos ha ido de las manos —dice Raimundo—. Hay que reconocer que es un asunto público ahora.

—He echado un ojo a lo que hay —dice el prior— y es menos de lo que creíamos. Confieso que he tenido que leerlo y no hay nada que no pueda ser leído por cualquiera.

—¿Quieres decir que es edificante, una lectura apropiada para cualquier buen cristiano? —pregunta Raimundo.

—Eso no sé. No parecen pensados para ser leídos por nadie, están escritos ante Dios.

—Entonces ya está —afirma tajante Raimundo—, si es así se queman, se quema todo. En el mejor de los casos es siempre una indiscreción, una falta de respeto, publicar cualquier cosa que el difunto no haya autorizado expresamente.

—Tampoco dijo lo contrario —comenta Ignacio.

—¿Qué sería lo contrario, según tú? —pregunta Raimundo.

—Lo contrario sería que hubiese dejado dicho que no deseaba que todo eso fuese publicado tras su muerte —dice Ignacio—. Seguro que no contaba con que su muerte se le viniese encima. Lo que ha pasado ha tenido que ser para él lo que para nosotros un accidente.

—No fue un accidente —dice Raimundo—. Claro que tuvo de accidental, lo inesperado, lo absurdo, tuvo toda la violencia de un accidente: pero no sucedió por accidente, por casualidad, fue una elección personal. Ahí está el problema para nosotros. Belarte da igual pero lo sucedido no. Resulta de verdad incomprensible. Justo como un accidente, tan difícil de encajar en la continuación de la vida, de nuestra vida, como un accidente inesperado, solo que más difícil aún. Y Belarte tiene una punta de razón, mala leche desde luego, pero también una punta de razón.

—¿Y cuál es? —pregunta Ignacio.

—Pues que no hemos sabido dar, como institución, una explicación coherente de puertas afuera.

—Es que no tenemos esa explicación —comenta el prior—. Por eso sí es cierto que se puede decir de nosotros que guardamos celosamente un secreto. Puede hablarse de secreto: donde nosotros hablamos de misterio y de incomprensibilidad y del silencio de Dios, la gente habla de secretos y malignidades ocultas. No tienen razón, pero es comprensible.

—También es indignante —dice Raimundo, y pregunta volviéndose al prior—: ¿Es cierto que Belarte y Abel fueron amigos de jóvenes, como asegura en el artículo?

—Belarte tiene mi edad, sí, fuimos compañeros de facultad. Nos reuníamos en los cafés después de clase. Fuimos amigos, puede decirse, porque es verdad.

—En fin —interrumpe Raimundo—, las opiniones son como el culo, todo el mundo tiene uno, que dice Clint Eastwood. Así que Belarte da igual. Pasemos de Belarte y hagamos lo correcto, lo más cristiano de todo, destruyamos los papeles, ¿qué dices a eso, padre prior?

—De acuerdo, yo me encargo.

«El sol está entre nosotros —piensa Ignacio— como una presunción del espíritu, *comme une presumption de l'espri* —lo repite en francés— / *et le soleil est parmi nous comme une presumption de l'espri*. El sol tiene un punto ahora —vuelve a pensar Ignacio, distraído— de ano solar. Caga su plomo, su oro emplomado inmisericorde. Un sol maniqueo, gnóstico, cátaro. El sol furioso y aullante de Seth. El violento

Seth, que urdió una estrategia para matar a Osiris y acostarse con su hermana.» Toda esta morralla seudoculta le distrae ahora de la profunda cultura, el cultivo, de la huerta, el convento y la oración cristiana. Es como si una lengua desatinada lamiera —alzándose y descendiendo mecánicamente— los bordes de su conciencia de sí. Es como si hubiera allí, entre los tres sentados severamente ante el huerto hermoso donde resplandecen las lechugas y los tomates y los arroyos de las patatas con sus florecillas blancas, un cuarto personaje desfigurado y aullara el dios violento que todo lo ha negado, anegándoles ahora en la líquida luz contradictoria de lo que se dice, los chismes, las habladurías, el Belarte, el Miguel, la gente del Media Luna: como si de verdad fuera, después de tantos años de vida monástica, verdad —y esa fuese la única verdad— que el corazón es un cazador solitario (más recuerdos literarios: en esta ocasión Carson McCullers: «*The heart is a lonely hunter*»). «¿Es el corazón del monje, es mi corazón, un cazador solitario? ¿Dónde queda ahora la llama de amor viva que tiernamente hiere?» Ignacio tiene que decir algo: no sabe qué. Y dice lo primero que se le ocurre:

—Di algo, Raimundo. Aclárame todo esto, acláranoslo.

De reojo es consciente Ignacio de que el prior apenas ha intervenido en la conversación. Y es consciente de que ahora se ha vuelto bruscamente a mirarle como si de pronto el hecho de que Ignacio apele a Raimundo y no a él mismo, al prior, fuese una indisciplina. Esta cabeza rapada y cana, vuelta hacia él de pronto, es hermosa y pétrea, ondeante como una mala intención, uno de esos cabezones-retratos de nobles romanos desconocidos, hallados entre la tierra, en las ruinas de la *domus aurea* neroniana. «¿Tendrá de pronto envidia el padre prior? ¿Se sentirá ninguneado por mi absurda interpelación a Raimundo en lugar de a él mismo?»

—Vamos a ver. Diré algo que todos sabemos pero que nos hace falta volver a decir ahora. Lo diré yo pero lo decimos los tres. Belarte nos succiona, nos licua, nos debilita: así nos neutraliza la imbecilidad medio aceptada. También Abel nos ha debilitado. Ahora tenemos que recordar lo que somos, olvidarnos de Belarte y sus habladurías, y recordarnos lo que somos: somos hombres religiosos. Religiosos nos llama la gente. Lo característico de la relación religiosa del individuo con la doctrina transmitida es la recepción puramente aceptada, el puro someterse, la devoción reverente a lo que se ofrece como verdad superior. Los tres sabemos esto. Y cada individuo tiene que adecuar por sí mismo su relación con el poder superior, en esto el espíritu de la religión le deja libertad. Así como en la moral cada uno tiene que tomar decisiones y asumir responsabilidades, así también ahora el individuo es un hijo del espíritu religioso en el cual está. Nosotros estamos en el espíritu religioso católico. Somos parte de la *Ecclesia Mater*. Ningún individuo por sí solo puede establecer una concepción de Dios y del mundo y del hombre y del destino. Necesita la objetivación que proporcionan las instituciones, los credos. La sacralización de la creencia a través de la fe es el trasfondo sentido como fuerza, en el cual crece la convicción personal. Y el individuo solo puede configurar su relación personal con la divinidad en el marco de lo asumido como firme y sagrado, en el marco de la tradición. Y todo esto viene a cuento, hermanos, ya que nada importa lo que pase fuera, lo que digan de nosotros, incluso lo que nos vaya a ocurrir de ahora en adelante. Solo Dios basta en este seno maternal de la Santa Madre Iglesia.

El padre prior, observa Ignacio, ha clavado los ojos en tierra mientras Raimundo declaraba fríamente, secamente, todo lo anterior. Ignacio —que está sobreexcitado— piensa, una vez más, que el prior está sintiéndose ninguneado por la firmeza, la rigidez eclesiástica de Raimundo.

—No entiendo del todo a qué viene esto —dice Ignacio, por probar, aunque en realidad sí que lo entiende. Entiende que este es un momento en el que tienen que afirmar su pertenencia como individuos a una gran tradición espiritual quebrantada por el duelo y picoteada por los cuervos de la habladuría.

—Sí que lo entiendes, Ignacio, no estamos solos, quiero decir: formamos parte de una poderosa tradición llena de heterodoxias, de individualidades, donde creemos todos nosotros firmemente brilla la luz del Espíritu Santo, la luz de Cristo. Tenemos que hacer memoria de esto ahora, eso es lo que quería decir.

Matías Belarte publica un segundo artículo sobre lo sucedido en el convento de la Gorgoracha dos semanas después del anterior. Está muy en el espíritu de *El rincón de las verdades*. Se tiene la impresión de que Belarte está cada vez más embalado con esta historia, como si un espíritu burlón, zigzagueante, y fecundo, le inspirara ahora incesantemente. El nuevo artículo se titula «La espiritualidad de "El cabra"»:

> De jóvenes éramos menos feos que ahora. Y el menos feo, «El cabra», el reverendo padre Abel Martínez, trapense, recientemente fallecido. Le llamábamos «El cabra» porque no nos llevaba nunca la contraria, por absurdos que fuésemos. «Sevilla, dicen los malagueños, no tenía que ser.» Un granaíno nunca diría eso. Nosotros somos de otra pasta. Estamos, como Abelardo, entre el sí y el no. Pero lo cierto es que un cabra como «El cabra» *no tenía que ser*. Y, sin embargo, fue. Y de haberle dado la gana las hubiera levantado, a las titis, como escombro. Pero no le dio la gana. Solo Dios —nunca mejor dicho— sabe por qué. Yo también sé por qué pero no lo digo por piedad cristiana —que también la tengo yo, y

más que muchos no obstante mi connatural agnosticismo—. Le llamábamos «El cabra» porque no nos hacía frente, siempre cedía. Esto dicen que les gusta a las mujeres hoy en día. La verdad es que siempre estuvo de gran actualidad «El cabra». Y ahora más que nunca. No contradecir al contrario, por absurdo que sea —y nosotros de jóvenes podíamos serlo mucho— es un grave defecto del carácter. Un defecto, yo diría, eclesial. ¡Se salen con la suya pero no te contradicen! Este carácter manso era repelente, en realidad. De puro manso no parecía el padre Abel, de joven, del todo real, parecía ya gastado o cansado o de vuelta del mundo. Pero en fin, ¿cuántos hombres de Iglesia no hemos conocido así? Tercos como mulas pero suaves. Dice Henri de Lubac que «en el verdadero hombre de Iglesia la intransigencia de la fe y el apego a la tradición no se convierten en rudeza, en desprecio o en aridez de corazón, no le impiden el ser acogedor y no lo encierran en una ciudadela de actitudes negativas». Los de la Gorgoracha no son, por cierto, así. Hay el señoritismo altivo del padre prior y la altivez intransigente del padre Raimundo, compañeros ambos y cofundadores de esta comunidad, con el padre Abel. Se preguntará el lector por qué insisto en este asunto. Insisto porque escribo desde el rincón de las verdades y los frailes están, una vez más, a punto de escamotearlas todas. Dice san Gregorio Nacianceno en su *Discurso Segundo* «que la salud consiste en el equilibrio». ¿Ha visto u oído alguien alguna vez hablar de algo tan insalubre como el convento de la Gorgoracha? Tan llanos, tan recoletos, tan silenciosos y, de pronto, el gran desequilibrio: el inexplicado suicidio. El reventón de la irracionalidad rampante. Confieso que me siento atraído por este asunto insalubre, vigorizante en extremo.

Josefo fue siempre un mindundi. Esta ocurrencia de Raimundo, que es muy antigua, casi tanto como la amistad que los une, es pulsátil ahora como una jaqueca ligera: no acaba de írsele este mediodía. Ya van a dar las doce y llevan dos horas reunidos en la huerta. Ser algo mindundi era parte de su encanto-gato. Elegante y gatuno nos encantó a todos —piensa Raimundo una vez más—, a mí el primero: su entusiasmo religioso tras el Concilio, antes de la gran desilusión: los años de la euforia católica posconciliar. Todos la sentimos. Nos reuníamos con Abel en los pisos. La idea de entrar en el noviciado fue una maduración, más emotiva para Josefo que para mí. A mí me parecía razonable entrar en religión, darle de una vez la espalda a lo que llaman mundo. Mi padre lo tomó muy mal: cobarde y maricón me llamó cuando dije que me iba al noviciado. Yo le miré por encima del hombro. Despreciar a mi padre, que me despreciaba porque le había salido rana según él, fue parte del juego: en el noviciado tuve que rearmar todo esto: ir hacia atrás, hacia mi padre, el noble socialista de primera hora comprometido con la lucha antifranquista, con las luchas sindicales de la Transición. Lo de maricón fueron ganas de provocar, eso no lo creía. Y acertaba. Pero sí es cierto que resultaba para él desagradable, incomprensible, antinatural, que quisiera entrar en el convento, en esa particular orden religiosa. Llegó a decir: es que no estás ni de moda, chico, vale que quieras ser católico como tu madre, lo entiendo, siempre lo he entendido, pero católico al día y no esa rata rezona de un convento, encapuchados como viejas. Descubrí que nos queríamos en el fondo. Se llevaba mejor con mis hermanas, que salieron de su cuerda: políticas, ugetistas, graciosas con sus minifaldas y su aire callejero y sus pancartas y sus panfletos. Mi madre lloró mucho, fue insoportable. Éramos una familia sentimentalmente de izquierdas, la izquierda era mi abuelo, que luchó contra los nacionales, que estuvo preso hasta el 46, que conoció a José María de Cossío, a Joselito y a Alberti, los tres de una tacada. En el convento tuve que rehacer la imagen heroica de mi padre agresivamente de izquierdas, faltón y buen padre de familia. Mis hermanas le adoraban, mi madre le adoraba. Estudié concienzudamente la filosofía tomista de la época para demostrarle que Dios existía. En el fondo nos parecíamos en eso, en la ingenuidad. Y ahí me tuve que apoyar, en la ingenuidad de los dos, para salvarme del aborrecimiento que de joven sentía por él. Todo era rehacerse allí, desarraigarse y arraigarse. Lo hice lo mejor que pude y al final salí adelante. Cuando nos volvimos a ver al final del noviciado abracé a un padre a quien quería. Quizá esa haya sido mi victoria espiritual más profunda: rehacer, recontar la figura paterna. Aprendí de Abel esta valiente idea: el futuro no está hecho pero el pasado tampoco. Ya sé que es contraintuitiva: ¡claro que hay un pasado, de hecho, imborrable! Y sin embargo si el pasado, el de cada uno, estuviese hecho y no fuese tan inestable como la propia memoria y como el futuro que depende de nuestra voluntad, la oración sería inútil, la contemplación de Dios imposible.

Al pensar en Abel vuelve Raimundo a pensar en sus dos compañeros y en sí mismo. Los tres ya se encaminan al convento para las oraciones de la hora sexta. Vuelve ahora lo de haber pensado una vez más que Josefo es un mindundi. Esta ocurrencia es una mosca cojonera. ¿Por qué lo piensa, respetándole, obedeciéndole y queriéndole como lo ha hecho todos estos años? Hay en Josefo, en opinión de Raimundo, un lado teatrero, tanto más incisivo a ojos de Raimundo cuanto menos consciente parece ser a ojos del propio interesado. Cuando los tres, más o menos por la misma época, decidieron entrar en el convento la vocación de Abel guio la de Raimundo. En cambio, la vocación de Josefo tenía un dejo indeseable de actualidad, de fervor católico de moda. Una excitación por la novedad, un gusto o un regusto por hacerse ver en su espectacular cambio de laico a monje de estricta observancia. Sin duda eso desapareció con el noviciado y los tres largos años de teología que siguieron tras las pruebas inmediatamente posteriores a la ordenación sacerdotal.

Raimundo se siente ahora tan desagradable y chinche como se sintió entonces cuando pensaba que

Josefo era un trapense chic, un católico elegante, que no duraría en la estricta observancia. Se equivocó, a la vista estaba. Y equivocarse fue una honrada alegría que sintió Raimundo. Y ahora vuelve este tono despectivo del *mindundi* a colarse en la conciencia de Raimundo, que está irritado con el asunto de los papeles de Abel. El concepto de legado literario —y más si como parece es, involuntario además de mínimo— irrita a Raimundo. En fin, ya están los tres en la capilla y rezan. ¿Dónde ha leído Raimundo lo que ahora recuerda? Un ensayista español contemporáneo que ha puesto en relación la *ópera aperta* con un texto de Gregorio Magno: «La Sagrada Escritura crece con quien la lee». Ver esto asociado por este ensayista tan rápido y sagaz (a quien no obstante su declarada fe cristiana la jerarquía eclesiástica ha puesto tanta veces en solfa) emociona a Raimundo. Si este texto de san Gregorio pudiese verificarse subjetivamente al menos —y Raimundo, apoyándose en su experiencia de monje trapense, sabe que se puede—, entonces uno de los graves problemas de la experiencia de la oración litúrgica quedaría resuelto por completo: la Sagrada Escritura crece con quien la lee. Esta ocurrencia le anima ahora. Absorto en su recitativo pasa todo este día. El recuento autobiográfico ha sido refrescante. Y, sobre todo, ha sido rápido. Ahora el día a día, las horas litúrgicas reaniman los enseres del cortijo, los frutos de la huerta. Recuerda Raimundo una de las cosas que dice san Pablo a los fieles de Corinto: «Cada uno de vosotros tiene salmos, tiene enseñanza, tiene lengua, tiene revelación profética». Un sentimiento de plenitud acompaña a

Raimundo durante todo este día, se siente acompañado, acogido, reconfortado por la presencia de sus hermanos en esta capilla cortijera de la Gorgoracha y recuerda una y otra vez lo que dice santo Tomás al hablar del don de lenguas: «Que la revelación profética se extiende al conocimiento de todas las cosas sobrenaturales». Que esto implica que, paradójicamente, por su misma perfección, no pueda poseerse en esa vida perfectamente, a modo de hábito sino imperfectamente como una cierta pasión. Esta pasión la reconoce ahora Raimundo como un latido, se siente uno inmovilizado, casi suspendido en el aire cuando en compañía de quien ama hablan de cualquier cosa, contemplan cualquier cosa o guardan silencio juntos.

Así que la reunión de esta mañana ha sido fructífera después de todo. Y Raimundo se siente libre de la irritación y de la ira que tantas veces le acomete: ahora puede pensar en su pequeña comunidad como una comunidad cristiana remota, aventurada, en peligro y a salvo.

Matías Belarte vuelve a la carga. ¿Cómo llegan estas noticias a la Gorgoracha? En el convento no se escucha la radio, no se ve televisión y no se leen periódicos. En este momento, aparte de los cinco frailes y Jacinto, no hay nadie más. (Prior, Raimundo, Ignacio, el hermano Pablo, que es enfermero y el hermano Lorenzo, que es cocinero y despensero.) ¿Cómo les llegan las noticias? El Jacinto, bien es cierto, pasa gran parte de su tiempo en la cocina, echando una mano, dice él, al hermano Lorenzo pero en realidad dando el palique. Y otra parte de su tiempo, aunque no todos los días, lo pasa en Vélez entre el Media Luna y los recados. En el Media Luna se lee todos los días el *Marca* y *El Ideal*. Y cada vez que salen noticias del convento, y los artículos de Belarte son muy atentamente leídos en el Media Luna. Así que el Jacin, a su manera atolondrada, está más al tanto que ninguno. El del bar le guarda *El Ideal* los días que no viene y Jacin lo sube al convento. Los artículos de Belarte siempre se desglosan primero en la cocina, de ahí pasan al prior. Después de Jacin, el que más al tanto está de los dimes y diretes de la provincia es Josefo.

Con su aire distante, con un aire de no querer la cosa, el prior sigue con curiosidad creciente el ritmo de los improperios de Matías Belarte. Los otros frailes, Raimundo, Ignacio, el hermano Pablo, se enteran por los resúmenes que el prior hace de esos artículos con el ceño fruncido. Finge preocupación, cree Raimundo. El último artículo de «El Rincón de las Verdades» se titula «El hecho y el desecho»:

> Esta mañana leyendo *El Mundo* he leído un interesante artículo de Javier Gómez de Liaño titulado «Cuadernillo de verano». Gómez de Liaño es, en mi opinión, una de las grandes figuras malentendidas de esta maltrecha España que nos toca vivir. Yo mismo tuve relaciones epistolares con él que comenté hace ya años en esta misma columna. Hoy me ha sorprendido su referencia al suicidio de Tony Scott tirándose de cabeza al agua en el puerto de Los Ángeles desde una altura de sesenta metros: «En mi juventud se decía que la tendencia al suicidio aumentaba con la edad, que los hombres se suicidaban más que las mujeres, que los solteros lo hacían más que los casados, y los intelectuales lo hacían más que los que no lo eran. No sé qué habría de cierto en ello, pero hoy las cifras son aterradoras. Según un informe del Centro de Control y Prevención de Enfermedades, en Estados Unidos, cada quince minutos una persona se quita la vida y muchas otras piensan en la posibilidad de hacerlo». ¿No era Camus quien decía que el único problema filosófico importante es el suicidio? Gómez de Liaño termina así su artículo: «Shakespeare se preguntaba si es verdaderamente

un crimen precipitarse en la secreta morada de la muerte antes de que esta venga a nosotros». Todo esto no tiene desperdicio y los lectores de esta columna agradecerán, estoy seguro, este comentario de Gómez de Liaño: en el trapense Abel Martínez, mi antiguo compañero de facultad, se dan todas las notas del suicida contemporáneo: la vejez —estaba a punto de cumplir setenta años—, era hombre y no mujer, estaba soltero y era un verdadero intelectual. Ahora debemos preguntarnos con Gómez de Liaño y con Shakespeare si es verdaderamente un crimen anticiparse a la muerte, matarse. ¿Es realmente un crimen? Si lo es, desde luego, desafía al Derecho penal: el hombre que se mata a sí mismo torea el Derecho penal, eso al menos es indudable. ¡Ah, sí!, pero nadie se salta a la torera el Derecho canónico. Por no hablar del Derecho Divino. Si la vida es un don de Dios —como dicen— qué desperdicio y qué ofensa tan grande es quitársela uno a sí mismo por propia voluntad. Un suicida, desde una perspectiva canónica, y más si es fraile, es un ejemplo puro y duro de deshecho. Al deshacerse de su vida, al desecharse, se convierte en un desecho. Y aquí estamos, claro está, en un problema público y casi diría que ecológico. ¿Qué tenemos que hacer con los desechos? Antiguamente se prohibía enterrar a los suicidas en sagrado. No sé cómo andará la cosa ahora. En fin, esto no creo que haya preocupado a los frailes, que tienen su campo santo recoleto próximo a las tapias del convento, paredañas con el camino de Lagos.

Dos sentimientos se están entrecruzando en Raimundo: la irritación ante esta pasividad del prior e ira ante los improperios de Belarte. Ambos sentimientos son parte aún de este duelo retranqueado por la muerte de Abel que como un herpes explota de pronto en los labios o en las ingles. Ya el duelo mismo —reflexiona Raimundo— está siendo excesivo por su parte, le está durando más de lo apropiado. Está, además, ocupando más sitio en su conciencia del que corresponde a un hombre de fe. En fin, la duración del duelo es serpenteante, sus meandros se dilatan a veces por debajo de la conciencia, reapareciendo como Guadianas súbitos con cualquier pretexto. Belarte no es, en opinión de Raimundo, un pretexto cualquiera: es un grano en el culo. Le tranquiliza recordar a Belarte, de estudiantes los dos: y recordar que ya de joven era eso mismo. No se puede decir que en oración pero, sí, desde luego ante Dios: Raimundo ha recordado a Belarte con frecuencia: todas las evidencias de Raimundo están ahora inundadas de presencia de Dios, también la expresión forúnculo, también grano en el culo. Pero ahora no acierta Raimundo a entender el porqué de esos artículos agresivos que, a todas luces, no van a ninguna parte: no explican nada, no ilustran a nadie, son casi por completo exabruptos, por muy que se les conceda, casi solo por cortesía dialéctica, un punto de razón. Esta nihilización del motivo, este sin porqué negativo (la rosa es sin porqué pero también la injusticia resulta a veces intensamente sin porqué), esta retracción de la gratuidad de la belleza o del bien en la injusticia, en el insulto inmotivado, le subleva. En su caso la ira tiene, como recontó santo Tomás de Aquino, tres significados: es un hábito: un acto del vicio opuesto a la mansedumbre; es un deseo de venganza y es una pasión. Y hay tres grados de ira: en el corazón, en la boca y en la obra. Esta tarde, pasada la hora nona, son alrededor de las cuatro y media, la ira del corazón encharca la conciencia de Raimundo. Así que deja la azadilla —estaban quitando hierbas malas del patatal Ignacio, Pablo y él— y se sube al cortijo; no da explicaciones a los otros dos, que suponen que se encuentra indispuesto, cosa rara pero verosímil sin duda. Mientras sube a buen paso por el sendero de las dos terrazas, se engancha con las púas del azofaifo, que cabecea a consecuencia del enganchón. Vertiginosamente recuerda la leyenda popular que dice que con las espinas de este árbol se le hizo la corona de espinas a Cristo: son ciertamente afiladas y largas, color cereza oscuro. Una vez al año, cuando maduran los frutos, los suben al comedor como un postre. La cuestión es: ¿pedirá permiso al prior para hacer lo que va a hacer? Decide no pedir permiso. Sube a su celda, se quita el mono y se pone ropa de civil: un vaquero, una camisa, un jersey. Son pasadas las cinco, Raimundo se monta en la camioneta. Ha dejado una nota en el comedor diciendo: «Compromiso urgente. Volveré tarde esta noche. Raimundo». Es cuesta abajo hasta la autovía. La camioneta, conducida con cierta precipitación, emboca la autovía a Granada, cuarenta y cinco minutos de viaje.

Hace años que no viene por aquí. Son las seis de la tarde. Enfila directo al Alarcón, un café cantante donde en los años cincuenta había un tablao y se bailaba ya al anochecer hasta la madrugá. Raimundo recuerda de pronto la gracia de las bailaoras. La tierna belleza otoñal de las conocidas calles atardecidas le conmueve. La irritación sube de punto ahora. Las hijas de la ira son las seis bailaoras de entonces: la riña, el desorden de la mente, el ultraje, el clamor, la indignación, la blasfemia. La ira por celo, que no previene el juicio de razón, existió en Cristo; pero no la ira por vicio. El motivo de esta ira es lo que se ha hecho contra él, contra todos, contra el *habitare frates in unum*: Raimundo detiene bruscamente la furgoneta en Pedro Antonio de Alarcón, a veinte metros del Alarcón. A través del ventanal del café-bar ve a Belarte tomándose un café y un tortel. Es un hombre de la edad de Raimundo solo que canijo, a la vez que es, como dicen los franceses, un *faux-maigre*. El Alarcón está vacío a esas horas. Raimundo empuja resueltamente la puerta giratoria y entra en el café y se sienta de golpe junto a Belarte en un taburete de la barra:

—*¡Joé, compae!* Tú por aquí —dice Belarte.

—*Fitetú*.

—*Ea,* de pura cepa. ¿No habrás venido a verme a mí? No creo.

—A eso he venido —contesta secamente Raimundo.

—Lo suponía, hermano. Pero que te conste: soy más valiente que tú, más torero y más gitano.

Se le ve de buen humor a Matías Belarte. Velozmente se le ocurre a Raimundo que a Belarte le está divirtiendo la situación. Hay una conjunción de factores esperpénticos, piensa Raimundo: el fraile, el intelectual de provincias, el café de chinitas, la torería de la situación. Siente deseo de venganza.

—No vengo de broma —dice Raimundo.

—Paquiro, *compae*, ¡qué me cuentas!

—¿A qué vienen esos artículos?

—¿Cuáles artículos?

—Lo sabes de sobra, tus artículos contra nosotros. Tienes que dejarlo.

—¿Cómo que tengo que? Será si me sale de la polla.

—Vamos fuera —la frase de Raimundo suena chulapa.

—A las siete de la tarde se salieron del café y era Raimundo en la calle un torero de cartel —recita guasonamente Belarte.

—Te conozco de sobra, lo sabes. Conozco tu mala *follá* y tu buena intención de fondo.

—¡Ya salió el fraile! Soy perro mordedor, no lo olvides, y no tengo buena intención. Los dos tenemos ya una edad que nos importa una polla lo que pase.

Lo de la edad es cierto. A la luz del atardecer relucen viejunos los dos. Más erguido, mucho más flaco, algo más alto Raimundo: la ascética conventual ha preservado algo del buen mozo de antaño.

—Tienes que dejar esta estéril agresión contra nosotros. Ni tú mismo te crees ese papel —dice Raimundo.

—¿Qué sabes tú lo que yo creo? ¡Típico dogmático, creer que saben lo que creen los otros! De creer algo yo, no es lo que tú crees que creo.

Caminan un poco por la acera. Tres figuras arracimadas les observan desde el ventanal del Alarcón.

—Vamos a ver, seguro que tienes otros temas, miles. Tu ingenio era inagotable de estudiante y sigue siéndolo. ¡Qué coño te importa lo que digan o hagan unos pobres frailes!

—¡*Wrong again, my dear!* ¿Cómo no me va a importar? Soy un comecuras a la antigua usanza, un agnóstico a la antigua. Y vosotros, tan píos, sois la presa ideal. Por eso salís en *El Ideal* de Granada día sí día no. ¿Cómo es que dejáis que se os ahorquen los frailes? Y más este, este gran manso, el Abel. Se ahorcó de puro manso. Recordarás que santo Tomás de Aquino desconfiaba de los mansos, ¡bienaventurados los mansos, sí pero con peros!

Raimundo sabe que esta diatriba puede continuar horas y horas. Es la misma rabieta juvenil de Matías Belarte que ahora se ha retorcido con los años. Sí es cierto, como él mismo ha reconocido, que la mala *follá* se le va y se le viene, entreverada con una remota buena intención. En este caso la buena intención de corregir a los perfectos. Como si Matías Belarte adivinara su pensamiento ahora intercala:

—Tanto cabreo con lo mío ¿a qué viene? No te entiendo. Oye, ¿qué me dices de la *correctio fraterna*? Mis artículos al fin y al cabo son una columna, que el título por cierto no lo elegí yo, «El Rincón de las Verdades», el director me dijo que la escribiese, que tenía que ser fuerte, verificante, ¡a la vista está que lo está siendo! ¡Te ha traído a ti del puto coro hasta Graná en un pispás! *Correctio fraterna*: la hice con Abel muy al principio, le dije: ¡no te metas en dibujos, no te metas en la Iglesia que te acabará dando por el culo!

El tortazo a mano abierta reseca de golpe como un estampido toda la calle de Alarcón. La gente se vuelve a verlo: *¡Lavincompae, qué hostia le ha metío!,* se oye decir. Ya se acabó el alboroto y ahora empieza el tiroteo, que decía, con razón, el granaíno. Le coge a contrapié. Belarte da un traspié y se cae de espaldas. Se le ve que tiene fuerza cero. Se incorpora sin llegar a levantarse.

—*¡Io* puta, me cago en tu casta entera! ¡Me has querido matar!

Del Alarcón emergen atropellados ahora Ana, el Miguel y otro tipo cuarentón que se da un aire, modernizado, a Curro Jiménez. Raimundo tiende la mano derecha a Belarte. Belarte la rechaza. El trío que acaba de salir del Alarcón rodea a Raimundo y Belarte: Raimundo piensa aceleradamente: ya hemos montado el Callejón del Gato, soy un imbécil. Se inclina hacia Belarte, aún en el suelo: está como recostado, con un aire de colegial ofendido. A Belarte se le hincha el ojo izquierdo, ahora palpa el ojo con la mano izquierda. Está encantado de la vida. Al palparse el ojo hace como un puchero. Va a haber pocas palabras. Miguel mete un puñetazo en el pecho a Raimundo. Raimundo no se cae, retrocede un paso, monta por un instante la guardia adelantando los largos brazos con los puños cerrados.

—¡Puto fraile salta al ring! ¡Primera plana! —grita Belarte desde el suelo.

—Te vamos a meter un cohete por el culo —amenaza el clon de Curro Jiménez.

Y efectivamente le mete una patada en el culo al fraile. Es una patada certera, entre las nalgas, que le roza los cojones y hace que Raimundo se incline hacia delante. Matías Belarte ya está de pie. Al inclinarse Raimundo, Miguel le da una patada en la boca, buenas patadas de kárate las dos. Los tíos saben lo que vale un peine. No hay dos sin tres. Así que al caer Raimundo al suelo el propio Belarte le mete una patada en las costillas.

—Lo que te tienes merecido, tío, no es más que eso —declara Belarte.

Raimundo piensa: después de la ira esto es lo mejor que podía pasarme. Se relaja. La sangre le empapa la cara, siente un dolor intenso en el costado izquierdo, un patadón en las costillas que le hace perder la respiración por un momento. Cuando recobra la respiración no hay nadie alrededor, los tres han desaparecido. Para junto a él un coche de la policía nacional. Bajan dos policías.

—Caballero, ¿qué ha pasado? —inquiere uno de ellos.

—Nada, que me han querido robar —dice Raimundo con los labios hinchados.

En ese momento se da cuenta de que no lleva identificación ninguna.

—Vivo ahí, en Vélez —masculla—, vivo en el convento de la Gorgoracha.

—¡Pues anda que le han puesto a usted como un Cristo! ¿Reconoció usted a los agresores?

—No, me atacaron por la espalda. No es nada.

Trata de moverse y se desploma en el suelo. Los policías llaman a la ambulancia. Llega la ambulancia. Unos paseantes se acercan a una distancia prudente. Nadie ha visto nada, solo pasaban por allí. El enfermero, que le reconoce rápidamente, dice entre dientes:

—Tiene dos costillas rotas, por lo menos. Hay que llevarle a urgencias. ¿Puede usted andar algo, caballero?

Mal que bien le arrastran hasta la ambulancia y le tumban en la camilla. Dolerá cuando se enfríe. En la ambulancia piensa que tiene que avisar al convento. Golpea el cristal que le separa del conductor y el enfermero y dice en voz alta:

—¡Tengo que llamar!

—Estese quieto que ahora le arreglamos —dice el enfermero.

La sirena, como un familiar escalofrío, recorre a todo lo largo Alarcón, desemboca en el camino de Ronda. Raimundo siente una punzada violenta, pierde el conocimiento. Lo recupera en el hospital. ¿Qué hora es ahora? Le han reconocido en urgencias y han telefoneado al convento. La policía se ha hecho cargo de la furgoneta. Le han puesto un opiáceo, gota a gota, una jeringa grande. Dos horas más tarde llegan, consternados, Ignacio y el prior. Medio en sueños, medio narcotizado, Raimundo acierta a decir: «Lo siento mucho, no tenía que haber pasado, ha sido culpa mía». Lo único que oye en el vayviene del opiáceo es una frase de Ignacio:

—Pero, Raimundo, hermano, ¿se ha ido usted de pilinguis?

Raimundo sonríe y se queda una vez más frito.

Raimundo ha tenido que quedarse en el hospital tres días. El prior e Ignacio, Pablo y el hermano cocinero le han visitado los tres días. También le ha llamado por teléfono consternada doña Mariana.

El *Ideal* de Granada llega al hospital y los cuatro frailes lo leen más o menos a la vez. Se titula: «Un broncas trapense».

> El temperamento religioso es siempre propenso a la bronca. No hace falta recordar al lector las guerras santas de uno u otro signo. Y ni siquiera las célebres disputas de frailes a lo largo de toda la historia de Occidente. Baste recordar que la ira es fruto de la frustración. ¿Y quién puede sentir más frustración que un afirmador de lo absoluto? En esto no andaba desencaminado ese otro gran perseguidor de absolutos y perfecciones que fue JRJ, el andaluz universal. «¡Qué iracundia de hiel y sinsentido!», exclama, cuando se siente harto de la sólo relativa perfección alcanzada en una de las etapas de su Itinerario a la Poesía Pura. Lo mismo cabe decir de nuestros frailes de la Gorgoracha. Uno de ellos, según queda refleja-

do en una noticia de este diario, se vio envuelto la otra tarde en una de esas iracundias: una bronca, por lo que parece, por todo lo alto, que acabó con sus huesos en el Hospital de Traumatología de Granada. Parece ser que el buen fraile agredió a un pacífico parroquiano a la salida del Alarcón, a consecuencia de una mera disputa ideológica. ¡Muy grande tuvo que ser, muy faltón tuvo que ser el fraile y muy burros sus oponentes o quizá no! Pero esta bronca también puede leerse en términos de un choque de mundos —una especie de chusca de guerra de los mundos a nivel de provincia—. El monje, acostumbrado al ámbito de la fe sobrenatural (convicción subjetiva de la verdad de sus verdades), se cruza casualmente con el ámbito de la opinión cotidiana y de lo fáctico: es obvio que aquí sus convicciones no convencen: solo puede proclamarlas, y si no se le escucha, como parece que fue el caso, liarse a bofetadas. Es la dialéctica de los puños y las pistolas, una vez más. Hubo un tiempo en que los convencidos, los creyentes, tuvieron el poder de aniquilarnos en nombre de su fe. Lo profano era pura profanidad y blasfemias. Y la gente les tomaba en serio. Cualquier granaíno de mi edad habrá oído en su casa hablar de eso. No insistiría ahora en esta aburrida bronca callejera, si no fuese porque el sorprendente carácter de la comunidad de la Gorgoracha vuelve, una vez más, a sorprendernos a todos. Del fraile que se ahorca al fraile broncas. No sé si es un escándalo o un esperpento: posiblemente ambas cosas. También, supongo, un signo de que las religiones vuelven. Y no me refiero en este caso al islam sino al vulgar cristianismo dogmático, a nuestro catolicismo de toda la vida, que, enfurecido, sale de los conventos y se lía a tortazos con los paseantes. Dado el mutismo de la jerarquía, esto es todo lo que se me ocurre comentar: doy por supuesto que no se pelearon por una mujer: así que supongo que se pelearon por un dogma. El buen fraile no ha puesto ninguna denuncia, nos quedamos, pues, sin saber qué fue lo que de verdad pasó. Supongo que debemos descontar la intoxicación etílica en el caso del agredido. En el caso de los agresores que tuvieron que defenderse, según parece, puede que hubiese un par de copas. Pero todo ello, dada la brutalidad del resultado, resulta una vez más brutalmente oscuro. El mundo de lo sagrado cruzándose incompresiblemente con el mundo profano siempre acaba como el rosario de la aurora.

Le han puesto en una habitación individual. Doña Mariana, que se hará cargo de todos los gastos, ha conseguido la mejor habitación: una que hace esquina con dos ventanales. Ahora que le han rebajado la dosis de opiáceo, Raimundo se siente lúcido, ridículo y mareado por el jubileo en que se ha convertido la habitación del hospital. Durante las horas de visitas desfilan todos ellos, solos o en parejas o en tríos. Doña Mariana, Margareta y Josefo vuelven hoy por segunda vez. Josefo parece aturdido. De ordinario Josefo está al tanto de todo y muy en su papel de prior. Está al cargo. Ahora, sin embargo, parece distraído y habla menos, situación que la condesa de la Vela considera admirable: así se explaya a gusto. La reticencia de Raimundo, sin embargo, a la hora de explicar lo sucedido produce en estos dos una visible incomodidad. No lo dicen. Pero Raimundo sospecha que se sienten marginados. Preferiría hablar un poco con Margareta a solas y tiene intención de retenerla un momento cuando el grupo dé señales de irse.

—Entiendo que estas visitas tienen que ser breves —declara la condesa—. Visitar a los enfermos solía ser una obra de misericordia que siempre se malentendía, en mi opinión, ¿no estás de acuerdo, Josefo?

—Se convertían en acontecimientos sociales, es cierto. Todavía recuerdo las visitas que hacíamos a mis primas de parto, aquello era temible. Se consideraba que había que obsequiar a las visitas con vinos y con sándwiches, era muy absurdo, estoy de acuerdo contigo.

—Lo cierto es que Raimundo, no te parece, Josefo, se ve como más joven en pijama, más mundano. Una tiene la impresión de que agradece la *small talk* que le libra un poco de nuestra, no sé cómo llamarla, curiosidad por lo ocurrido, ¿verdad, Raimundo? La ventaja que tiene el voto de silencio es que una se ahorra dar explicaciones. Lo que más me gustaba del Sagrado Corazón era la obligación de estar callada en clase. Recuerdo que las niñas lo llevaban peor que mal, todo el tiempo querían saberlo todo: que por qué te traía el mecánico en coche y no venías con tu madre, que por qué te despeinabas tanto o al contrario. ¡Las ñoñas aquellas! ¡Cómo no te ibas a despeinar saltando a la comba, por favor!

Raimundo entrecierra los ojos. Doña Mariana advierte el gesto y aprovecha para despedirse. También Josefo. Al levantarse los tres, Raimundo le dice a Margareta:

—Quédate un momento, Margareta, sólo un momento.

Margareta, que no ha dicho nada en todo el rato, sonríe y vuelve a sentarse en su silla. Salen los otros dos.

—Dime que estás bien, Margareta, te veo más pálida que de costumbre. Tienes un poco mala cara esta mañana.

—¡Oh, no es nada! Estoy cansada últimamente, estoy vieja, es eso, no te preocupes.

Los dos guardan silencio. Es agradable estar en silencio por un momento con Margareta. Margareta extiende el brazo derecho y aprieta levemente la mano de Raimundo que reposaba sobre la colcha. El silencio se prolonga un instante, entonces Margareta dice:

—Me siento culpable. Sabes que Abel y yo hablábamos bastante. Y también por carta. Creo que no le animé lo suficiente. Sus cartas eran muy espirituales siempre, como él era. Las mías no sé qué decían. Quizá eran melancólicas. Quizá, sin querer, le deprimía con mis cosas.

—Yo no lo creo. No creo que tus cartas le deprimieran. Es difícil imaginar qué le pasó por la cabeza.

—Perdona la pregunta, ¿tú has leído los cuadernos que dicen que ha dejado el padre Abel?

—La verdad es que no. El prior lo ha guardado todo.

—Lo sé, es lo justo. Pero me siento inquieta, no siento curiosidad por saber qué decía, al contrario, prefiero no saberlo. El padre Abel se me va hundiendo en la memoria como un verano que se acaba. Para mí fue muy importante su consejo, poderle yo hablar de lo poco que me pasa. Yo le echo de menos. Tú también.

—Desde luego. Mucho.

—Y hay otra cosa: todo este revuelo de los artículos del *Ideal*, toda esa agresividad que se despierta contra vosotros de repente y, no sé cómo decirlo, no lo tengo claro, también esta reanudación de la amistad entre Josefo y Mariana. Yo no soy suspicaz, como sabes, pero tengo la impresión de que se traen entre ellos una conversación que me excluye. Insisto en que me da igual, de verdad, Raimundo, pero es de Abel de quien hablan. Abel se ha convertido en un tema de conversación incesante: sus papeles, su muerte, los motivos de su muerte, si fue intencionada, si había perdido la fe, si no la había perdido. Sé que hablan de todo eso que da igual y veo a Mariana como fuera de sí un poco, menos altiva que otras veces, mucho menos distante, con ganas de palique. ¡Y de toda la gente imaginable con quien pudiera hablar tiene que hablar ahora más que nunca con este personaje absurdo, este Matías Belarte! Le llama por teléfono, se reúnen. Afortunadamente yo no me encuentro muy bien ahora y este pretexto de la salud es el mejor posible con Mariana, que está fuerte como un roble: le parece estupendo que me quede en casa y que lea o que finja leer, ya sabes, soy una cosa suya que ahora hay que mimar un poco, cuidar los achaques. Comprendo que se sienta aliviada un poco, más libre sin mí. Estoy hablando demasiado, tenía gana de hablar contigo.

—También yo, Margareta. Con lo de Mariana, de todas maneras, más vale que no te ralles mucho. No entiendo lo de Belarte bien pero es igual. Es de suponer que le ha consultado acerca de qué debe hacerse con lo que llaman el legado literario de Abel, si es que existe.

—¿Y existe? ¿Tú crees?

—Yo creo que no. Mi opinión es que había que quemarlo todo, sin mirarlo, ni comentarlo. Y en eso quedamos con el prior, él dijo que se encargaría.

—Yo es que creo que los papeles no se han destruido: creo que es al revés, creo que el prior lo ha leído todo, lo ha comentado con Mariana y, de algún modo, el propio Belarte está al tanto de esa historia, no sé hasta qué punto. Tengo una sensación de doble fondo ahora. No es como si tuviera la sensación de que me engañan, ¿quién se tomaría la molestia de engañarme?, tengo la sensación de que se omite delante de mí toda referencia a ese asunto. También tengo que reconocer que yo misma ahora tengo gana de estar sola, pocas ganas de hablar, poca energía.

Raimundo está perplejo. Lo que Margareta acaba de comentar confirma una sospecha que él mismo ha tenido acerca de la, posiblemente involuntaria, doblez de Josefo: no acaba de querer quemar los papeles y no acaba de saber qué hacer con ellos. Al decir que se encargaría de quemarlos se limitó a posponer la decisión y quedarse así, de paso, en libertad de proceder como él quiera. Pero justo esto: este repentino creer que el prior tiene una doble intención con respecto a los documentos de Abel, o el simple creer que el prior tenga otra intención, aunque tal vez sean figuraciones suyas, todo eso junto inyecta un veneno paralizante en la comunidad: eso es parte de lo que ha supuesto el suicidio de Abel: como en un juego de ilusionista donde se hace un trucaje hábil para hacer creer al espectador que el hacha ha partido en dos a la rubia ayudante del prestidigitador. Todos engañados y encantados.

Doña Mariana entreabre la puerta y asoma la cabeza, su voz resuena ahora como de costumbre autoritaria y decisiva:

—¿Pero qué hacéis? Llevo dos horas con Josefo en el pasillo, vámonos. —Y añade—: Mañana volvemos a verte, Raimundo.

Jacin apareció a última hora de la tarde cuando faltaba escasamente media hora para acabarse la hora de visitas. Raimundo, que ya no esperaba ver a nadie, leía incorporado en la cama. Le sorprendió la aparición de Jacin, de quien se había olvidado estos días.

—Hombre, Jacin, tú por aquí.

—Es que pasaba por aquí. Pensé subir a ver qué tal le iba.

—Pues muchísimas gracias. Me va bien como ves. Otro par de días y ya me tenéis en el convento.

—Pues yo estoy arrepentío.

—¿Que estás arrepentido? ¿De qué te arrepientes?

—Pues que estoy arrepentido y ya está.

—Pero arrepentido estarás de algo, ¿qué has hecho?

—Hice mal en querer mangar la maleta.

—Desde luego, muy mal. Me alegro de que te arrepientas.

—Pues eso. Me arrepiento.

—Pues nada, hombre, me alegro de verdad.

—Entonces me tendrá que echar la bendición.

—No faltaba más, hijo —Raimundo traza la cruz con la mano derecha en el aire.

—Así no sirve.

—¿Cómo que no sirve?

—Hay que primero confesar.

Algo en el rostro de Jacinto alerta a Raimundo. Quizá una imagen de torpeza que le parece fingida.

Como si Jacinto hubiese venido en busca de un milagro, una repentina explosión: después de lo de Abel todos piensan en prodigios o en maldades.

—¿De qué quieres confesarte?

—Me quiero confesar que yo lo vi...

—¿Viste qué?

—Le vi ahorcarse. Patalear, echar la mano al cuello. Lo que es que por el peso ya no tenía remedio.

—Desgraciadamente así es, Jacin. No sabía que lo habías visto. Sé que fuiste tú quien avisó al prior.

—Lo que decía, lo oí, eso además.

—¿Lo que decía Abel?

Raimundo se siente alerta y desdichado. No tiene más remedio que oír este relato que será sangriento y será inútil. Resultará imposible, una vez oído, separar lo real de lo inventado.

—Le oí que decía: ¡Virgen de las Angustias, llévame contigo!

—¡Pero Jacin! Si el pobre padre Abel se estaba asfixiando. No creo que fuese capaz de pronunciar una frase tan larga. Quizá se encomendó a la Virgen. Pero es imposible que llegara a decir nada.

—¡Pues dijo Señor mío y Dios mío!

—¡Pobre Abel! Quizá le dio tiempo de decir eso con todo el corazón.

—Pues lo dijo.

—¿Por qué me lo cuentas ahora?

—Pues porque pasaba por aquí y pensé que le gustaría saber que no murió como un perro —el Jacin hace una pausa con un cierto dramatismo y se queda mirando de hito en hito al fraile—. Si dijo eso que digo ¿también iría al infierno, o en ese caso no?

—Seguro que se arrepintió al final. Con eso es de sobra. Todo esto es más misterioso y serio de lo que se nos alcanza. Tú y yo debemos pensar que pasó lo que era razonable que pasara con un hombre tan santo, como fue el padre Abel toda su vida.

—Igual no.

—¿Eso qué significa?

—Pues que igual no. Igual se condenó por quitarse la vida. Eso no es que sea muy santo que digamos.

Raimundo se queda a solas con estas dos imágenes: la de Abel encomendándose a Dios, es decir, cambiando en el último momento el sentido de su acto suicida. Y la de Josefo, Mariana y Belarte cuchicheando a espaldas de Margareta. Tan intensas son las dos, que tiene que suspender la contemplación de la primera. Dentro de lo que cabe, la segunda imagen es menos hiriente, aunque resulte en conjunto más viscosa: ¿cómo es posible que una confianza de tantos años con Josefo no sirva ahora para detener lo que parece ser un proyecto de publicación insensato? Quizá no hablan de eso. Es un hecho, reflexiona, tratando de calmarse, Raimundo, que cuando alguien nos dice que ve a conocidos comunes cuchicheando, o como en conciliábulo, tiende uno a pensar mal. Es ya tarde, muy pasadas las diez de la noche. Una enfermera le ha tomado las constantes vitales, le ha preguntado si se siente cómodo, ha respondido que sí. Se siente medio incómodo y cada vez que se mueve siente una punzada en el costillar pateado. Incorporarse, por ejemplo, en la cama, sin ayuda, reaviva la intensa molestia. A pesar de eso echa la manta y el cubrecamas a un lado y se sienta con los pies colgando junto a la mesilla, donde está la bandeja con la cena estándar de hace un rato. Apenas ha cenado. Consigue hacerse con el teléfono y marca el número del convento, confiando que no esté desconectado como de costumbre. Está comunicando. Raimundo no puede evitar sonreírse. Son ya las once de la noche. Habrán terminado hace un rato el oficio de lectura, que suele alargarse media hora. Sonríe al recordar una canción de su época: comunicando, comunicando, con quién podías estar hablando. ¿Con quién puede estar hablando el prior a estas horas? Durante un momento escucha, incrédulo, la señal intermitente. Finalmente cuelga. Pero ahora, por primera vez tras años y años de no usar el teléfono, a los diez minutos vuelve a llamar. Esta vez —casi más sorprendente aún que la señal de estar comunicando— la voz del prior dice: «Sí, dígame».

—¿Estás esperando una llamada, Josefo?

—Desde luego no la tuya, hermano. ¿Qué te ocurre?

—No me ocurre nada, solo que me tienes inquieto.

—¿Inquieto por qué?

—Porque estamos en la red, en la Wikipedia, en Wikileaks, en Facebook, en el papel periódico. Y tú y yo, que siempre hemos conectado, nos hemos desconectado ahora. ¿Por qué te ríes?

—Me río porque me tengo que reír, Raimundo. ¿Qué es eso de Wikipedia y Wikileaks? No estamos en ninguna parte, estamos donde siempre.

—¡Sabes que no es del todo cierto! Me consta que estás en comunicación con Mariana y, ¡Santo Cielo, Josefo!, con Belarte. ¿Para qué?

—¿Te parecería mejor que me liara a tortazos?

—Vale, de acuerdo, estoy sinceramente arrepentido. Me dejé llevar por la ira, hermano. Estoy arrepentido, de corazón. Pero contéstame tú a lo que te pregunto ahora. ¡Me duele el puto costillar, hombre!

—¡Merecidamente! —exclama el prior riéndose—.

Los dos se ríen. Reírse es casi lo peor que puede hacer Raimundo. Punzadas intensas.

—¿Por qué no te duermes tranquilo? —dice Josefo—. Mañana voy a verte.

—¡Estupendo. Pero ven tú solo y hablamos!

Cuelga el prior. Una enfermera asoma la cabeza asustada:

—¡Pero padre! ¡Qué hace usted así, si no se puede usted mover! ¡Échese, póngase bien, échese ahí!

Raimundo, agotado, deja que la enfermera le suba los pies a la cama, nivele la cama con el mando y le arrope:

—Me va usted a ahogar —dice Raimundo sonriendo.

Se deja arropar, casi acunar, con gusto. Su salud de hierro le ha privado durante todos estos años de esta fraternidad hospitalaria expeditiva, ruidosa, impersonal y, a la vez, tan humana. Raimundo se siente agradecido. Al irse la enfermera deja la habitación a media luz y desde la puerta:

—¡Llámeme si necesita algo, pero no llame por teléfono!

Raimundo coge el sueño de pronto. Aliviado, rendido, se mece en un sueño profundo. De pronto se despierta sin sentir molestia alguna. Sin duda está despierto. Observa la sonda clavada en su brazo como si no fuese su brazo. Como si no estuviese del todo incorporado en su cuerpo. Se siente por un momento confortablemente a distancia del dolor corporal y de las sensaciones físicas que acompañan al estado hospitalario. Mira su reloj de pulsera en la mesilla. Es pasada la una de la madrugada. Corre un aire fresco, campero, en la habitación. La ventana está, sin embargo, cerrada. Huele a cerrado a la vez, como una habitación refrigerada. Siente los pies muy fríos, no siente frío en el resto del cuerpo, solamente los pies helados y húmedos. Súbitamente descubre una figura, una enfermera. ¿Es la misma de antes, la que le arropó al irse? Parece más joven. O, al revés, más vieja. Sólo distingue claramente el blanco de la bata blanca. ¿Tiene una cofia puesta? Distingue claramente la figura humana, la bata, pero no los rasgos del rostro. Se ha instalado, atípicamente, con las piernas cruzadas en el sillón de las visitas. El mismo silloncito incómodo que ocupó esta mañana la condesa de Vélez. La enfermera se revuelve un poco como hizo la condesa. La altivez habitual de doña Mariana hizo pensar a Raimundo que el sillón parecía más incómodo de lo lógico. Esta enfermera parece, en cambio, sentirse a sus anchas. Raimundo se siente él mismo muy incómodo. Los pies helados.

—¿Dónde está tu rectitud, Raimundo? —pregunta la enfermera con un tono de voz un poco alto, no muy distinto del tono de voz de doña Mariana.

Raimundo tiene idea de que ha respondido algo, pero no se oye a sí mismo decir nada. Y la enfermera prosigue:

—Con gusto echaría un pitillo. Un momento: ibas a decir que está prohibido. Ahórrate esa frase tonta. Yo hice las reglas ¿recuerdas? Yo hice todas las reglas y todas las leyes. Por hacer, hice recta la rectitud. Conté contigo para eso, Raimundo. Sin ti en la cabeza ¿cómo iba yo a saber qué significa lo recto de la rectitud? Gracias a ti, con sólo pensar en ti, al pensarte pensé la rectitud de lo recto, ¿qué te parece?

—Yo soy un pecador.

—No, no. Desde luego, no un simple pecador, qué más quisieras tú. «*Simul iustus et peccator*», que diría el buen Lutero. Pero en tu caso la simultaneidad llegó a desequilibrarse de puro justo que llegaste a ser. Y eres. Y fuiste tú y tu justicia la luz que os guio a todos: la ocurrencia conventual, el ingresar en la orden, perseverar. No fue Abel quien os guiaba. Fuiste tú quien guiaste a todos. Tú eras el más recto. A la luz de tu recta intención, hasta incluso tus propios defectos resultaban, no diré atractivos, pero sí ejemplares: eras ejemplar: dominabas tus impulsos coléricos, despreciabas tus impulsos carnales, no deseabas los deseos, Raimundo. Eso puede ser fascinante para un joven católico de entre dieciocho y veinte años, allá en los sesenta.

—¿Y tú quién eres?

—Me conoces de sobra. Tienes todas mis referencias literarias y teológicas.

—Por favor.

—Haz memoria conmigo, Raimundo. ¿Te acuerdas de cómo erais al principio, cómo fuiste tú quien de verdad persuadió a los demás a entrar en una orden religiosa de estricta observancia? Ese fue tu gran apostolado: convencer a lo mejor de tu círculo de que, lo verdaderamente mejor, se hacía y se decía en silencio. Fuiste tú quien cantó las glorias de la nueva milicia de Cristo, te veían como a un nuevo san Bernardo, eras el fiel de la balanza, el personaje que hacía falta en un momento en que, después del entusiasmo, los católicos de postín habían decidido acoplarse al signo de los tiempos. Tú fuiste fiel al signo de la eternidad y eso, en la práctica, significaba estar un poco *out of key*. Y eso en aquellos primeros años ochenta se hacía echándoos atrás, haciendo ver las reglas de la vieja liturgia, el viejo latín, algunos trozos selectos de filosofía escolástica, tampoco mucho. No había ningún intelectual serio tampoco entre vosotros: había poetas, hombres de letras, letraheridos, algún abogado, hombres de fe todos vosotros, temperamentos religiosos. Y tú les inclinaste hacia lo que te parecía más brillante: hacia el bien arduo. Frente a lo placentero, lo fácil, lo asequible, lo cómodo, lo alegre, lo profano, tú les hiciste ver la austera belleza de las cumbres peladas, las piedras cuadradas, las cuadraturas de todos los círculos. Dijiste lo mismo que se decía por aquel tiempo: hagamos lo imposible. En las paredes de Vincennes, en la facultad de moda de la época se leía: queremos que nuestros profesores sean genios, queremos que Picasso nos enseñe a pintar, Joyce a escribir. Asistí admirado y fascinado a todo aquel movimiento juvenil tan baboso y tan fuerte, por favor, parecíais verdaderos, inspirados, audaces. Y sobre todo vosotros, vuestro grupo dando aquel viraje de la fe sobrenatural. ¿Te acuerdas de tu consigna: Jesús es el Señor? Y explicabas: nadie puede decir Jesús es el Señor si no es por el Espíritu Santo. Fueron buenos tiempos, chico. Mientras todos pensaban en follar a calzón quitao, vosotros pensabais que Jesús era el Señor. Yo también lo pienso, yo soy creyente, el más creyente de todos vosotros. Pero el mejor de entre todos vosotros, era el más dulce, el más franciscano, el más misterioso, el que parecía más silenciosamente lleno de luz de Cristo: Abel. En fin, Raimundo, fue todo un carrerón el vuestro, una carrera de obstáculos triunfal, ¿a que es eso lo que estabas pensando antes de quedarte dormido? Claro que estabas pensando eso.

Se despierta sobresaltado. Soñaba que discutía con el prior. Soñó que le daba un bastonazo. Ahora la molestia de su costado izquierdo es intensa. Pulsátil. Hace un rápido examen de conciencia: ¿estoy volviéndome colérico? ¿Intolerante? ¿Agresivo? He sido todas esas cosas durante estas últimas semanas. En lugar de sentirme multiplicado, me he sentido dividido y presto a justificarme en mi división. Me he comportado como si yo estuviera libre de culpa y los demás me agredieran. ¿No es cierto que he vivido el suicidio de Abel como una agresión personal? ¿Y las agresiones maliciosas de Belarte a todos nosotros como una herida profunda a mi amor propio? De pronto siento un amor propio que no sospechaba que sentía. La verdad es que me dejé patear la otra tarde. Sé que cuento todavía con fuerza suficiente para levantarme de un salto y defenderme. No me defendí. Porque merecía esos golpes. La bronca de la que fui culpable era tan trivial que recordarla ahora me avergüenza, pero no acabo de arrepentirme porque, en el fondo, no fui contra Belarte sino contra una idea de la disolución de la comunidad implícita en los artículos de Belarte y explícitamente llevada a cabo por Abel: Abel se mató para hacernos ver que hemos llegado al límite de un género de vida y que necesitamos todos una conversión. Una conversión es un cambio de proyecto: es una muestra de que aún somos capaces de ejercitar nuestra libertad. ¿No estábamos demasiado cómodamente instalados? ¿No amábamos nuestra comunidad piadosa, nuestra rutina piadosa, nuestro aislamiento? Impaciencia. Recuerda una línea poética que ha oído recitar a Ignacio: «Nos consumiría la intensidad de este instante si durara otro instante». Durante años he creído que la fortaleza estaba en hacer lo que hacía, hacerlo bien, tratar de mejorarlo, no pensar en los frutos de la acción. *Do not look for the fruits of action*. Pero la muerte de Abel ha sido equivalente a la negación repentina de todo fruto, el incendio de todo el bosque. Muchas de las gentes que estos días han salido en los periódicos o en las radios dicen y sollozan: esta casa era la obra de toda mi vida y ahora, mire. Miramos y vemos una casa quemada, un cerdo abrasado, un erial donde había un jardincillo gracioso. Una huerta bien trazada con rectilíneos senderos de tierra entre las bancadas de hortalizas que cruzaban hasta el fondo del bosquecillo de pinos que tenían dentro de la finca. ¿La ira en mi caso contra quién va? ¿De verdad es contra Belarte? ¿No es más bien contra Abel mismo o, todavía peor, contra el propio Dios, que parecía bendecirnos en los años de pacífica vida en común, de oración y de trabajo y que ahora, de repente, se ha quedado absorto, ausente, desvaído, abrasado como un cerdo muerto? ¿Qué conversión es posible para mí a partir de ahora? ¿Y por qué me irrita esta historia de los papeles de Abel que, en sí misma, es tan insignificante? Me siento vendido y en falso. Pero aún soy responsable yo de todo lo que nos vaya a ocurrir: no es como si todo se hubiese consumado. Es, al contrario, como si ahora empezase a construir el proyecto. ¿Qué será de nosotros si yo pierdo el aliento ahora? ¿Qué será de nosotros si me convierto en un fraile colérico que responde con violencia a la violencia? ¿Por qué me opongo yo a que se lean esos papeles de Abel? ¿A qué tengo miedo? Quizá en ellos se reconozca abiertamente lo mismo que yo reconozco amargamente ahora: que no amábamos a Dios lo suficiente ninguno. Amábamos nuestra vida conventual, nuestro yo huidizo, desdeñado, quebrantado, pero también dejado en paz. Sin mujeres, sin hijos, sin hipotecas, sin operaciones quirúrgicas graves o leves, contando con la simpatía más o menos difusa de todo el mundo. No éramos frailes rompedores, no echábamos a los mercaderes del templo, no denunciábamos las injusticias que se cometían en torno nuestro, porque todos los días rezábamos y trabajábamos. Ensimismados, no amábamos a Dios sino a una imagen vicaria de Dios en nuestras obras, narcisos. No nos hacían falta espejos, bastaba con contemplar nuestras propias vidas discurriendo santamente en la Gorgoracha para sentirnos justificados ante Dios.

Entre las tres y las cuatro de la mañana es la hora de las cisternas, de los canales subterráneos, de los pozos profundos. Las calles subacuáticas son túneles transparentes por donde transitan, resbaladizas, figuraciones híbridas y figuras duales, galopan los centauros, y aún no trinan los pájaros. Se enfrían los rescoldos en las chimeneas de las casas de campo, aún no han encendido con maderitas cortadas el fogón de la cocina, las placas frías de las cocinas de hierro despiden un aliento obseso. Los viejos consumidores de anfetas cruzan varias veces el mismo paso de peatones. El estrépito de un automóvil desalado que se estampa contra una farola, enmudece hasta ser solo la onda circular de una piedrecilla arrojada al estanque japonés. Parpadea el ámbar de un semáforo queriendo decir: el alma en franquía. Desorientado también y embebido en la tersa nocturnidad que precede al alba, Raimundo se despierta una vez más, ahora le duele todo el cuerpo y se le agranda el brazo incautado por el flujo pulsátil de la sonda.

—¿Por qué no volvemos, compae, una vez más, al Jacin y a su estremecedora facundia teológica popular? Le oí que te decía, justo antes de irse, que quitarse la vida no es muy santo que digamos. Hacía referencia, sin duda el Jacin, a una distinción afamada entre pecados mortales y pecado *ad mortem*, ¿recuerdas esa distinción, Raimundo?

—Sé de qué va, sí, no estoy tan febril ni tan dormido, ni tan débil, como para no reconocerte con tu bata de falsa enfermera y tu desfigurado rostro en carne viva, ahora tu cara es la careta de un cerdo, expuesta en la tabla sanguinolenta de una casquería.

—¡Ya saltó el vegetariano! A lo que iba: lo que el Jacin quiso decir es que igual Abel cometió el único pecado verdaderamente *ad mortem*, el único capaz de llevar a la condenación eterna, el único pecado sustraído a las llaves de la Iglesia. La potestad de perdonar los pecados recibida de Cristo no habría llegado a ese momento de la decisión final de Abel, porque en el momento siguiente ya estaría muerto. A diferencia de los pecados mortales corrientes que cometió Abel en la vida terrena y que le privaron momentáneamente del estado de gracia, este último pecado en este último instante supuso la condenación eterna. No es un pensamiento consolador que digamos.

—Ni tampoco verdadero. Esa es la falsedad de la noción de último instante, un hombre tiene al morir toda su vida por delante.

—¡Qué dices, illo!

—Todo el pasado de Abel le precedió en el instante de su muerte, se le adelantó, se entregó en manos de Cristo a quien se había entregado toda su vida, ¿qué te parece?

—Me parece inverosímil, compae.

—Tú eres inverosímil.

—¿Qué significa inverosímil, padre Raimundo? —ahora Jacin es el sentado frente a Raimundo en el sillón del hospital.

Raimundo disfruta ahora de esa aguda percepción sensible que se alcanza en los sueños que preceden al despertar. Jacin se ha instalado justo en el borde del sillón sin apoyar la espalda en el respaldo, con las rodillas juntas, un poco como si vistiera una falda de tubo y tacones. Raimundo tiene la sensación de que se estira ligeramente la falda para cubrir las rodillas. Es Jacin pintarrajeado o maquillado toscamente, como si le hubieran pintado los labios para una fiesta de disfraces. O le hubieran puesto pestañas postizas. ¿Adivinas quien soy?, parece que va a decir aunque se limita a poner morritos con un aire pensativo, pringoso:

—Ahora soy inverosímil porque soy irreal, porque estoy siendo imaginado y pensado y cambio de forma muy rápidamente a efectos escénicos, entregado como estoy a la vivacidad de las memorias.

El Jacin de la butaca es ahora un imposible onírico. Retiene la figura de Jacin con el esquematismo de su disfraz aparente impreso en su rostro como un maquillaje. Travestido. Ahora dice:

—Observarás, Raimundo, que procuro estorbarte la soledad y el recogimiento con jugos y juegos sensibles. Dicen que tengo gran mano en el alma por medio de las noticias de la memoria. Dicen, así tengo entendido, que nunca le nacen al alma turbaciones si no es de las aprehensiones de la memoria. Yo quisiera hacer memoria contigo ahora, sólo un ratito: contigo, que has desmemoriado tu memoria para no distraerte del sumo recogimiento consistente *en poner toda el alma según sus potencias en solo el bien incomprensible y quitarla de todas las cosas aprehensibles*. Se refiere el santito a las noticias y discursos de la memoria. Te recordaré una noticia que tú ya has olvidado: ¿te acuerdas de fray Juan, el hermano Juanillo? Con aquella pluma que se la pisaba. Eso fue poco más o menos cuando se unió Ignacio a la comunidad de la Gorgoracha, ¿te acuerdas ahora? ¡Lavincompae, cómo te pusiste! ¡Te ponía de los nervios! ¿Lo recuerdas ahora? Pusiste a todos contra él, eso sí lo recordarás, porque tu decisión, tu convicción de que sería una influencia tonta para el convento les infectó profundamente a todos: a todos, por tu culpa, les pareció impropio aquel chico de ojos redondos, orejudo como un angelote que, a todas luces, tenía una verdadera vocación. Pero eso sí, emplumada, era una vocación con mucha pluma.

Raimundo se despierta avergonzado. Amanece. A través de la persiana de plástico una llamarada tenue, leve como la piel, pronuncia la lucidez del sol, la tibieza de la esperanza solar, la luz de Cristo, como un aleteo de gorriones alrededor de las copas de los cerezos de junio, cargados de cerezas aún blancas que enrojecen lentamente como el amanecer del fruto. Nadie puede decir: Jesús es el Señor, si no es por el Espíritu Santo, dice san Pablo en la Epístola a los Colosenses.

—Jesús es el Señor —musita Raimundo.

Y la enfermera de primera hora de la mañana

entra estrepitosamente a tomar sus constantes vitales. Le da unas palmadas en el hombro:

—Le veo a usted mejor, padre.

—¡Con sólo verte, chiquilla!

Los dos se echan a reír.

No tenía tanta pluma. Tampoco tanta. Y Raimundo no usó ese término ni ningún otro despectivo. Una parte del sueño se le ha quedado pegada a la memoria, como el fixo a los dedos. Palabras sueltas del esperpento onírico: rectitud, *ad mortem*, Juanillo. Y también pluma que ahora se desploma lenta como una pluma sobre su conciencia con la caída creciente de un remordimiento. De pronto la agudeza del remordimiento que debió sentir y no sintió hace una década le saja la memoria como un trozo de vidrio roto. Abel defendió a su manera tranquila la aceptación del fraile en la Gorgoracha. Se le ve que tiene vocación. La tendrá, no creo que no, había replicado Raimundo, pero no para esto. Es demasiado vistoso. La decisión de aceptar a fray Juan en la Gorgoracha o reenviarle al noviciado para que le encontraran otro destino acabó dependiendo por completo de Raimundo —¿qué más da el lugar donde se instale un fraile?, ¿no es cierto que a él mismo debe darle lo mismo? Cualquier sitio es bueno—. Sí, en efecto. Pero Raimundo acuciado todavía por el tonillo estrafalario de su interlocutor onírico, reconoce que sus objeciones no tenían nada que ver con la supuesta vocación de fray Juan, sino solo con su aspecto. Le pareció un angelote amanerado. A diferencia de Ignacio, que le pareció indiscutiblemente adecuado para esta comunidad, fray Juan le pareció estrepitoso, demasiado sentimental, verboso, gracioso incluso. A Raimundo no le hacían gracia esas gracias. Fue una simple cuestión de estética: al fin y al cabo siempre se le podía admitir y ver cómo iba. Raimundo decidió que nunca iría del todo bien, recto del todo, le pareció curvilíneo, lo contrario de la piedra cuadrada que elogiaba san Bernardo.

El insidioso recuerdo del sueño es ahora una acusación desmedida: te molestaba el aspecto. Y no fuiste capaz de atravesar el aspecto y considerar el carácter de aquel chico. Y lo que es peor, olvidaste el incidente a propósito. En realidad impusiste tu criterio a los otros dos, a Abel y a Josefo, haciéndoles ver que había un punto incongruente en el personaje, algo estéticamente incoherente en el ambiente severo y esforzado de la Gorgoracha. Les hiciste ver que fray Juan no pegaba.

Raimundo repasa estas ocurrencias ahora, que son noticias de la memoria renovadas por la lucidez del entresueño de hace un rato. Y recuerda ahora con toda claridad lo odioso de su rectitud, antes incluso de entrar en religión. Su intransigencia, su intolerancia, por ejemplo con su padre. Durante un tiempo el padre de Raimundo tuvo un lío con una mujer algo más joven. De alguna manera Raimundo lo supo desde un principio, su padre no era un hombre complicado y no era de ninguna manera un simulador habilidoso. Con motivo de ese lío se pasaba afuera de casa todos los domingos por la tarde.

Cada vez que mi madre o cualquiera de nosotros le preguntaba al día siguiente o, supongo, mi madre al llegar tarde por la noche, qué había estado haciendo todo el día, mi padre refería con todo lujo de detalles una larga serie de actividades y de visitas. Escucharle era tedioso, recuerda Raimundo. No se le podía interrumpir: eso era lo más característico de la falsedad en opinión de Raimundo: aquel desembuchar de su padre, aquel volcado, imaginado quizá de antemano, y adornado a medida que lo refería con esos detallitos que, en opinión del mal mentiroso, confieren veracidad a sus mentiras. No se le podía interrumpir, y ninguno de los tres hermanos le interrumpía: Raimundo tenía la impresión de que lo había aprendido de memoria, lo había ensayado, y que tenía que decirlo todo de golpe, como un alumno empollón, que ha aprendido una página de su libro de historia justo con alfileres. Ahora Raimundo recuerda su contenida ira de entonces, su antipatía, su desdén ante lo que le parecía la baja calidad del esfuerzo hipócrita por disimular de su padre. Lo que ahora recuerda, sobre todo, Raimundo es su sensación de integridad propia, el yo no soy como él, el farisaico yo no soy uno de esos.

Recuerda su rectitud como una bofetada, como una patada, como una de las merecidas patadas que le propinaron Belarte y sus amigos. ¡Cuán poco valía mi rectitud juvenil! Era sólo estética, la estética de la verticalidad y lo rectilíneo aplicada, sin miramientos, sin compasión, sin caridad, a los demás seres humanos, al espectáculo de la necedad ajena. ¿Y qué hacer con la necedad propia?

Tan embebido está en su autorreproche que se sobresalta cuando, tras golpear rápidamente la puerta, esta se abre e Ignacio entra.

El Media Luna tiene detrás un patinillo que no llega, suele decir Belarte, a patio andalú por la incuria del medialunero, que es un despenao. Pero que, en fin, tiene sus cuatro paredes jalbegadas y de las paredes cuelgan equilibrados tiestos de geranios y un gran jazmín en el rincón y una sombrilla verde pistacho alanceada por las lanceoladas hojas de una *bambusa nigra* que cumple veintiún años esta tarde. En el coche del Miguel los tres, Belarte, Ana y Miguel, y una muda rubia que el Miguel ha ligado tres noches antes cuyo pensamiento y gustos se sospechan pero solo se muestran en mohínes de asentimiento o disentimiento según los casos. Esta chica se llama Estefanía y no tiene la menor opción. Cada vez que la mira el Miguel dice: si bien se mira no todas las rubias sois tan tontas. Irrespetuosidad que, por cierto, cae en saco roto. Estefanía es imperturbable. Belarte está en vena. La bajada de los cuatro a Vélez es simultánea al traslado de Raimundo en la camioneta que conduce el Jacin en compañía de Ignacio. Solo le ha quedado una cierta tiesera al moverse y los moratones de la cara. Tiene en realidad buen aspecto. Y Belarte, que sabe todo eso, está en vena:

—Ya en mil novecientos ocho lo decía Ortega en *El Imparcial*: los místicos y mixtificadores han tenido siempre horror hacia las definiciones porque una definición introducida en un libro místico produce el mismo efecto que el canto del gallo en un aquelarre: todo se desvanece. El gallo soy yo, como podéis ver. Incluso Estefanía, nuestra esfinge sin secreto, puede verlo a ojos vistas. Y el aquelarre es el convento de la Gorgoracha cuyo estado de verificación es nulo. Ahí arriba nada puede ser verificado, todo es pura subjetividad espiritual, mixtificación religiosa. Todo es truco. Y nada hay en este mundo que se acaba, tan placentero para un hombre como yo, que ya me acabo, guapa —le da unos golpecitos en la pierna a Estefanía—, como descubrir el truco al prestidigitador. Voy a daros una definición: la vía mística, al no poder proporcionar verdad universal ninguna, solo proporciona espasmos, mixtificaciones. Mística es mixtificación.

—¡Y además de verdad, compae! —corrobora el Miguel, aureolado por la impasible belleza de la rubia, con ese aire alfa del macho que por fin ha puesto el cascabel al gato—. ¡Ahora tenemos en el bote al prior!

—¡Y que lo digas! —exclama Belarte—. El mixtificador óptimo máximo está casi que lo tira, ya derrapa. Se pegará la hostia de un momento a otro con todo el aparato escénico de una buena hostia del fórmula uno: la cacharrería por los aires, motor y ruedas desventradas, y el piloto hecho un pelotón contra las vallas de neumáticos. Y todo, para colmo de delicia, a puta cámara lenta. Sin sonido, por favor. El ruido y la furia para la chusma de las gradas. Para el espectador puro el troceamiento silencioso y virtual de un millón de euros. Estos trapenses nuestros, sin duda son fórmula uno. Y sucede que el prior de pronto se escacharra.

—¿Y cómo se escacharra, según tú? —pregunta Ana.

—Buena pregunta, criatura —declara Belarte, que apura el segundo chato de vino dulce de la tarde—. Pues se escacharrará, o eso espero, queriendo lo que parece que quiere.

—¡A ver, desembucha de una vez! ¿Qué demonios quiere? —Ana hace esta pregunta irritada.

—Pues quiere lo que quiero yo: sacar un libro, mujer, sacar un libro.

—¿Que quiere publicar un libro?

—Quiere publicar *el* libro. ¡Tanta santidad y recogimiento, para acabar dándole la razón a Mallarmé: «todo existe para convertirse en libro!» Se titulará, si yo tengo mano, que la tengo: *Itinerario de la mente a Dios. Itinerarium*.

—¡Toma ya! —exclama Miguel—. ¡Illo, ponte otra para aquí la concurrencia!

Ana enciende un cigarrillo. Parece desasosegada o incómoda. Como con gana de discutir. De hecho, la pregunta que va a hacer ahora tiene un dejo indignado en su sequedad:

—¿De dónde sacas todo esto, Matías? Te lo inventas todo de pura rabia que te dan. Y ya cansa. Esto tuyo con los frailes cansa. Es una polémica revieja.

—¿Ah, sí? Pero no será por culpa mía. ¡Quizá

sea tu humor melancólico. Reconoce que el giro de los acontecimientos es cómico!

—A ver, explícame el giro de los acontecimientos. Yo te veo lo mismo que hace cinco meses: dale que te pego con los frailes esos. No veo giro ninguno, sigues con lo mismo.

—Yo, quizá, sí. En cambio ellos no. Aparte el suicidio, hemos tenido una bronca callejera, una gran bronca, una hospitalización, una no-denuncia. Y mientras tanto, mientras el buen Raimundo se lamía en el hospital las patadas que le dimos, el buen prior lo ha vuelto a pensar todo y ha decidido que hace falta un libro. Que esto hay que darlo a la luz pública, justo lo que yo digo. Llevo diciéndolo así desde un principio. Luz y taquígrafos. *Et lux perpetua luceat eis*.

—¿Eso qué significa, pedante de los cojones? —gruñe Ana.

—Que la luz perpetua les alumbre, significa, niña. Y claro, cuando la luz de este mundo, más o menos perpetua desde luego, lux en cualquier caso, cutrelux en este caso, les alumbra, se ve lo que hay: que es mucho, pero que mucho, cuento. Y para muestra basta un botón: el buen prior, que ha ido leyendo mis artículos, que ha ido disintiendo y despreciándolos todos estos meses, ha ido, al mismo tiempo, apreciándolos y envidiándolos y deseando darnos su opinión. ¡Ah, la opinión! ¡Ahí le duele! El padre prior quiere darnos su opinión, quiere refutarnos, confutarnos, *confutatio maledictis*. Nosotros somos los *maledictis* y nos va a confutar el buen prior. No quepo en mí de curiosidad e impaciencia. ¡*Itinera-*

rium, nunca mejor dicho! ¡Illo, rellénate! —exclama de excelente humor Belarte señalando los vasos.

El mozo del Media Luna se toma su tiempo. Este de la capital le parece un creído. Lleva hablando sin parar desde que entró. Este mozo sabe que el patrón trata a don Matías muy de don Matías siempre, con mucha deferencia. Pero a él le parece un palabrón sin más. Así que saca la garrafa de dulce y rellena las cuatro copas. Belarte apura la suya de un trago.

—¡Este es tu momento, Matías Belarte! Tu iluminación, tu éxtasis, tu particular malformación, tu versión propia del tedio —dice Ana entre sí.

Solo Estefanía le oye decirlo y la mira con sus grandes ojos de rubia a quien han llamado muchas veces chica ingenua, aluica. Nada le ofende más que la llamen o pensar que piensan que ella es aluica, una persona manejada por otro, una torpe hormiga alada y boba que se utiliza como cebo para cazar pajarillos. Nada ofende más a Estefanía que la crean eso. Por eso, porque no lo es, observa con los ojos muy abiertos a Ana, que le ha parecido desde un principio inteligente y esquinada. Lo que a ella le gustaría parecer. Y piensa: la verdad es que tiene razón esta borde: el Belarte está presumiendo desplegando su cola de pavo real sabiondo, creyendo que es genial sin, en el fondo, serlo. Lleva escuchándoles toda la tarde con esto de los frailes sin fijarse mucho. Ahora se ha fijado porque Ana acaba de sorprenderla: las ocurrencias de Estefanía, habitualmente perezosas, se han activado ahora. Ahora presta atención, cosa, por cierto, que Belarte ni hace ni puede hacer en este momento: está embebido en su vino dulce y en su resentimiento contra los frailes, los místicos. Es dulce, estar con este *vino de mujeres*, largando y ejercitando su natural mala baba como un gimnasta ejercita sus dorsales. El no sé qué que queda balbuciendo, la mala baba irreprimible es lo que percibe Ana. Clausurada en su lucidez y su última pasividad melancólica.

—De tedio nada, bonita —contesta Belarte—. Lo que pasa es lo siguiente, que te lo voy a contar: el buen padre prior quiere escribir un libro tomando como base los dichosos papeles del fraile suicida, Abel, mi viejo amigo. Y tiene intención, el muy estúpido, de componer todo un libro de doscientas páginas, que va a llamarse *Itinerario*, en el cual se cuenta su propio itinerario hasta llegar a Dios. Y el del propio Abel, con esta su grave errancia que le llevó al ahorcamiento. Dice, me lo ha dicho a mí palabra por palabra, que va a hacer un uso amplio y literario del concepto heideggeriano de errancia.

—¡Toma ya! —exclama Miguel—. ¡Qué máquina, illo!

—Por eso es por lo que, bonita, y que conste que esto es un galicismo, por esto por lo que…

—No bebas más Matías Belarte —dice Ana.

—Por eso es por lo que me tengo que reír con una risa innumerable, por lo ridículo que es que el meditativo, el retirado, el dejado en las manos del Señor, acabe como un vulgar autor, queriendo serlo sin llegar a serlo, echando el resto por publicar un puto libro. Porque va en serio el buen padre prior, completamente en serio. Y la condesa, para más inri, porque esto es todo un esperpento puro y duro, la condesa, a mayor abundamiento, ella también quiere que se haga este hermoso libro de piedad y reflexión religiosa contemporánea, de un catolicismo acendrado pero eso sí, actualizado, dialéctico, a la altura de los tiempos. ¡Si serán imbéciles los dos!

—¿Y qué hay de lo mío, Matías? —pregunta Miguel—, ¿qué saco yo si se publican los papeles de mi tío? ¡Porque el Abel era tío mío, que casi se nos está olvidando con tanto hablar!

—Ya echaremos cuentas pero esto te digo de antemano: que sacarás en limpio la verdad, saber la verdad.

—Si solo va a ser eso, tampoco es tanto, que el coche me chupa un capital en diésel.

A estas horas ya han llegado al convento de la Gorgoracha los viajeros. Ya es el atardecer. Raimundo se ha unido a Ignacio, al prior, al hermano Pablo y al hermano Lorenzo. Están rezando las Vísperas. La secuencia que ahora rezan es el comentario indirecto a la desatada conversación del Media Luna: los cinco frailes ahora recogidos en su pequeño círculo cerrados, si se quiere, en la subjetividad de su evidencia religiosa, rezan: «*Veni, sancte Spiritus, et emitte caelitus tuae radium. O lux beatissima, reple cordis intima tuorum fidelium. Sine tuo nummine, nihil est in homine, nihil est inoxium. Lava quod est sordidum, riga quod est aridum, sana quod est saucium*». Ven, espíritu divino, envía el rayo de tu luz desde el cielo. Sin tu divina fuerza nada hay bueno en el hombre, nada es inocente. Lava lo que es sórdido, riega lo que es árido, sana lo que está enfermo.

Atardece en el pelagartal de la Gorgoracha. El

aire es dulce en otoño, ambarino y resplandeciente y fresco como un contrapunto. Imposible traducirlo a términos poéticos, a términos conceptuales, el aire intraducible, el aliento, el ánimo, el Espíritu Santo.

Josefo se ha sentido contento durante la oración. Ahora es de noche. Contento de ver tan recuperado a Raïmundo, y con él a toda la pequeña comunidad de la Gorgoracha. Solo le pesa un poco, sin agobiarle pero sin del todo ceder, el peso de su secreta intención que a lo largo de la semana confiará a Raimundo y a Ignacio. De momento le oprime una cierta angustia, ligera como la angustia de los niños, que casi se confunde con una mala digestión. Por un instante el prior ha pensado: ojalá pudiera decir que me duele la tripa. Esto sería una molestia localizada. Las mejores molestias del mundo son esas: las localizadas o localizables como la artrosis que uno puede siempre decir e indicar con el dedo donde le duele: me duele la rodilla por ejemplo. Por mucho que duela, por agudas que sean las punzadas, no es comparable de ninguna manera con la sencilla angustia que se experimenta ya de crío. Y que ahora experimenta de nuevo el prior al pensar que, con su ocurrencia, su *itinerario*, va a cambiar el curso del destino. El propio destino, por supuesto, pero quizá también el del propio convento. Afortunadamente —el padre prior ha pensado este pensamiento como quien mastica un alimento correoso o recocido— su cargo no es perpetuo como el prior de las grandes priorías, que se elige de por vida, un prior de una comunidad se elige cada cuatro años. Esto quiere decir que la relación del cargo con la necesidad, con la forzosidad del destino, es flexible. De esta implosión dulce en el corazón del prior, procede estos días una bonhomía nueva, un buen humor que es en el fondo angustia pero infantil, como tener que presentar las notas a su padre en los tiempos del colegio de los Escolapios. Había angustia tanto si eran buenas como si flojeaba. Nunca suspendió ninguna asignatura. Pero a veces flojeaba. Y se imaginaba a sí mismo suspendiendo como otros niños que suspendían física y química o matemáticas o latín. Les imaginaba presentando las notas e imaginaba la desesperación de aquellos condiscípulos como uno imagina los efectos de una súbita tormenta, de un súbito nublao con pedrisco a mediados de agosto en Castilla desde detrás de los cristales: de pronto huele a húmedo en todo el secarral y las huebras regresan deprisa con las figurillas de los mozos encogidas bajo la manta. Era un terror del tiempo de la siega: que de pronto se tronzaran todas las espigas de los trigales aún no segados y se quedara en nada la cosecha, solo encharcada y perfumada diabólicamente, fresca y diabólica y desbaratada como un alma en pena. No es un *egotrip*, se ha repetido varias veces a sí mismo el prior. En esto doña Mariana está más en la realidad que Raimundo e Ignacio, que aborrecen los diarios íntimos y las confesiones, excepción hecha de las de san Agustín. Uno no acaba de imaginarse a san

Agustín escribiendo sus confesiones en un ataque de satisfacción intimista. ¿Y por qué no? A fuerza de rechazar el yo, acabó matándose Abel. Eso es lo que pasó: Abel se persiguió a sí mismo, persiguió su libertad con un deseo apasionado de mantener lejos de sí la culpa, de tal manera que ni siquiera una sombra de culpa rozara su libertad y sintió angustia, tuvo que sentirla: se persiguió a sí mismo, su culpa, con la ambigua insistencia de la angustia, que diría Kierkegaard: «pues dentro de la posibilidad hasta el evitar es un apetecer». Y este evitar apetente es risueño ahora: por eso el prior, no obstante la apariencia de elegante distancia que ha conservado a lo largo de todos estos años, se siente cercano, humano, demasiado humano. Sabe que sus hermanos no han percibido su ligereza todavía: ni Lorenzo ni Pablo ni, por supuesto, Jacin, ven diferencia entre el prior de antes y el de ahora. Este que ahora se inclina hacia ellos desde su elegante metro noventa para preguntarles cómo lo llevan. Cosa distinta son Ignacio y Raimundo: y en particular Ignacio. Porque Raimundo está entontecido aún con las secuelas de la paliza. Aunque no lo dice, deben aún de dolerle las costillas. Y la cara amoratada. Pero Ignacio le ha mirado dos o tres veces ya fijamente, sorprendido. Todo ha sucedido en un abrir y cerrar de ojos. Al fin y al cabo un buen monje mira al suelo y no a la cara de sus hermanos. El rostro de Dios, el rostro del prójimo: es placentero ahora, piensa el prior, discurrir para sí mismo, acerca de estos tópicos monásticos que al fin y al cabo son temas de gran actualidad. Ahí está Lévinas y su meditación sobre el rostro humano. Si el hombre

—como Ortega recordaba— es un *spiraculum vitae*, cuánto más no será el rostro, el órgano respiratorio de la vida humana. ¡Y la conciencia individual, el auténtico respiradero de la existencia sin lo cual regresaríamos al ser salvaje, al en-sí, sin para-sí!

—Tenemos que hablar, Ignacio, tengo que hablar con vosotros dos, con los dos.

—Cuando usted quiera, padre prior.

La bonhomía es un melón demasiado maduro. Huele un poco a podrido. Ignacio se sorprende a sí mismo desconfiando ahora. Así no es como era al principio ni durante estos años atrás. El prior convocaba reuniones periódicas, nunca dijo tenemos que hablar, o tenemos que reunirnos. Eso no es lenguaje conventual. Seguro que hablan así en las oficinas, pensó Ignacio. Tener que hablar no era una frase de la Gorgoracha, uno iba a las convocatorias periódicas sin preparación ninguna, sin ese como preludio de buen natural con que ahora le parecía al prior que todo tenía que ser antedicho. Tuvo una sensación, Ignacio, como de diplomacia, una desagradable sensación de preparativo y circunloquio y buenos modales, como si el prior, convertido de pronto en arzobispo, preparase el terreno para un asunto difícil, dorando la píldora. Le hubiera preguntado con gusto: de qué, de qué tenemos que hablar. Pero hubiera sido una falta de respeto. No habría sido apropiado preguntar eso. Así que se limitó a recordar este extraño fraseo cuando los dos, Raimundo y él mismo, se reunieron con el prior después del almuerzo en el refectorio. Estaban los tres solos a un extremo de la mesa, el prior dijo:

—He tomado una decisión importante que quisiera consultaros, someter a vuestra consideración.

—Si ya la has tomado no necesitas consultarnos —intercaló con una cierta sequedad Raimundo.

—Cierto, debería haber dicho que estoy a punto de tomar una decisión que, en cierto modo, nos envuelve a todos y que quisiera consultaros. No he tomado la decisión todavía.

—Bueno, cuéntanos —dice inclinándose hacia el prior, Raimundo.

—Creo que todos necesitamos después de este tiempo que ha pasado repensar lo sucedido, volverlo a pensar.

—Quieres decir la muerte de Abel, preguntarnos por qué se quitó la vida, eso es lo que quieres decir —dice Raimundo.

—Eso es. Así es.

—¿Y?

—He comenzado ya a escribir un libro, un relato, no llega a ser un libro, que incluye lo más esencial de sus cuadernos. Una explicación proactiva de su acto.

—Una justificación quieres decir.

—Una explicación que incluiría su acto, con su desesperación propia, con su violencia propia, dentro del cuadro general de nuestra vida monástica, de nuestra vida espiritual.

—Se tratará entonces, según entiendo, de una redención, ¿no es eso? La salvación de Abel.

—Oh, no. No llega a tanto. La salvación y la condenación están en manos de Dios.

—Eso creo yo. ¿Entonces de qué se trata? Si todo ello está en manos de Dios como los dos creemos,

¿qué falta hace tu libro o, como tú dices, tu relato? Seguro que Dios no necesita oírlo.

—Puede que Dios no, pero nosotros sí, mi querido Raimundo.

—¿Nosotros? ¿Qué entiendes por nosotros?

—Esta comunidad, toda la Iglesia, todos los fieles que han asistido horrorizados a este acto violento, inverosímil.

—Fue un acto violento pero, yo al menos, no sé si fue inverosímil. La verosimilitud no es una categoría religiosa, por cierto. Dios no es verosímil ni inverosímil. Y nuestra experiencia religiosa a duras penas resulta verosímil fuera de aquí para los no iniciados. Yo no creo que haya nada que decir. Pero me gustaría saber qué es lo que quieres tú decir, que no quede ya concentrado y dicho en el acto mismo de matarse Abel.

Es obvio que la bonhomía del prior se está enfriando. Percibe un tono agresivo en Raimundo. Un tonillo de incomprensión que le escandaliza. Por un instante permanece en silencio. Los tres guardan silencio. El prior por fin sonríe y retoma, como quien recobra el hilo de un discurso que se había repentinamente interrumpido, la bonhomía que ahora suena estrafalaria: como alguien que repentinamente se disculpa excesivamente, o a destiempo, por haber llegado tarde o cualquier otra falta menor.

—Veamos, hermanos, es bueno estar los tres juntos aquí y hablar de todo esto. ¿No te parece, Ignacio?

—Sí, es bueno, eso es bueno. Lo único que no sé de qué queremos hablar ahora: si del padre Abel y de su muerte o de su libro, padre prior, el suyo de usted.

—No, no, claro que no, por supuesto, no de mi

libro. Mi libro es, por decirlo así, un complemento, una como si dijéramos percha...

—Donde colgar a Abel por segunda vez, solo que ahora en público —concluye secamente Raimundo.

—No nos estamos entendiendo, padre —declara, repentinamente sombrío, el prior.

—No, no nos estamos entendiendo.

—Lo que yo —declara Ignacio ahora con vehemencia— personalmente no entiendo, es por qué han de ir las dos cosas juntas: me parece razonable, padre prior, que escriba usted un libro sobre su experiencia monástica, eso es un asunto. Y otro asunto es la muerte de Abel. Ese asunto nos sobrepasa a todos. No veo la relación entre ambas cosas. Yo al menos no la veo.

—Es que no hay relación ninguna —comenta Raimundo—. Son dos asuntos que se combinan *ad lib* para deleite del consumidor, por exigencias del guion, como en nuestra juventud se decía de los desnudos de las películas de la Transición: la chica tenía que salir duchándose fuese como fuese. Aquí el fraile tiene que salir ahorcándose convenga o no.

—Ya veo, Raimundo, que estás en contra de mi proyecto.

—Totalmente en contra. Me parece un dislate que nos traerá quebraderos de cabeza a todos y, sobre todo, a ti. Si escribes eso desnaturalizarás tu vocación. Te convertirás en el trapense que por fin lo contó todo. Y como estoy seguro de que no hay nada que contar, tendrás que inventarlo todo y escribirás ficción, una ficción, una novelita neocatólica con profundos pensamientos neocatólicos sobre la vida monástica. Con suerte será un éxito de público y crítica, con suerte te entrevistarán en *la dos*, una entrevista seria, pensada, respetuosa. Y tú mismo aparecerás allí contándolo todo respetuosamente: se titulará *Luces y sombras de la nueva Trapa*.

—No estás siendo precisamente comprensivo o caritativo conmigo, Raimundo.

—Desde luego que no. Como mucho se trataría de *correctio fraterna*, pero no llega a eso. Es simple disgusto estético. Tu idea me da grima, lo siento. Me pone de los nervios y no veo, con toda sinceridad, la utilidad espiritual. Ni siquiera para ti mismo, por no hablar del público en general. Es todo lo que tengo que decir y ya lo he dicho.

—¿Y tú, Ignacio? ¿También tú piensas así?

—Bueno, padre, como suele decirse: no soy quién pero sí, en el fondo sí estoy de acuerdo con el padre Raimundo en que debemos de dejar al padre Abel en paz, en Dios, quiero decir, como nos dijo, por cierto, usted mismo el primer día. Nos dijo que rezáramos y le encomendáramos a Dios. Hacer eso, sentir esa compasión, por lo que valga, a mí me resultó, no sé cómo decirlo, inteligible, pude integrarlo en nuestra experiencia de la comunidad y en mi propia experiencia. Lo que usted nos dice ahora no acabo de saber cómo encajarlo. Así que sí, en realidad estoy de acuerdo con Raimundo.

El prior estira el cuello un poco, consulta el reloj, da la reunión por terminada. Los tres se levantan. Los tres regresan a sus tareas pautadas en silencio.

—La comunidad no lo ve con buenos ojos —declara Josefo.

—¿Qué es lo que no ven? —pregunta doña Mariana.

—No ven, y en parte les comprendo, que tenga que escribir un libro.

—Tienes que escribir el libro. Y la comunidad sois básicamente tres, y de los tres solo contáis Raimundo y tú. Y es Raimundo quien, una vez más, se ha puesto borde y es un borde. Es lo borde.

—Si hubiéramos querido escribir libros estábamos mejor fuera de aquí. Esto nunca fue un retiro espiritual.

—¡Por favor! —La impaciencia y la controversia animan ahora a doña Mariana, a partes iguales, turnándose entre sí irritación y ganas de pelea—. Te recuerdo que yo fundé este convento, fue gracias a mí que os retirarais a este particular desierto, los hay peores, y los hay mucho mejores, más floridos. Pero este de la Gorgoracha es un desierto bien bueno me parece a mí, un sitio salvaje, áspero, tedioso, repleto de piedras, ¿o no? —Doña Mariana se contesta a sí misma, como suele hacer—: Es un desierto con todas las de la ley, y vosotros montasteis aquí una comunidad espiritual y yo os ayudé lo que pude, y sois frailes trapenses, y habéis tenido una desgracia, habéis tenido una tragedia, todos la hemos tenido. Y a ti se te ha ocurrido contar esta pasión y esta resurrección como es debido. No hay nada que objetar. Raimundo es lo que se llama un plasta.

—Es severo. También consigo mismo.

—En fin, da igual. Pero no lo entiendo, ¿qué tiene de malo que escribas ese libro?

—Nada.

—Exacto. Nada. Hará mucho bien a mucha gente, estoy segura. Vuestra experiencia, la vuestra en concreto, la experiencia de oración, de vida espiritual, de vida en común, es una experiencia comunicable, una muestra de la presencia viva del espíritu entre nosotros: vivimos en un mundo sin gracia. Grosero, consumista, competitivo, manipulador, a ratos enriquecido, lo que llaman burbujas, a ratos empobrecido, siempre banal. El mundo, el demonio y la carne embutido todo en una misma tripa. Carne en calceta, ya sabes el refrán. Y vosotros habéis, de una patada, mandado todo a freír espárragos. Vuestra experiencia es única, tu experiencia espiritual es única. Este cristianismo o este catolicismo renqueante, fragmentalizado, desorientado del presente momento, requiere una fuerte, firme, afirmación espiritual, la tuya: un itinerario de la mente a Dios.

—Bueno, eso ya lo hay. Tenemos el camino de san José María Escrivá, tenemos el camino Neocatecumenal, tenemos Comunión y Liberación, tenemos lo que queda de la teología de la liberación en las Américas, tenemos Cáritas Diocesana, la laboriosa y denodada vida de los párrocos en las parroquias… El ser, Mariana, se dice de muchas maneras, la espiritualidad cristiana también. Un libro como el mío está al alcance de cualquiera.

—Hay, sin duda, monjes más santos que tú, Josefo, no lo dudo. Pero tú tienes lo que tengo yo: la clase, la labia, si quieres, el saber contar las cosas: saber estar, saber contar, es la misma moneda.

—La verdad es que no, Mariana, de ninguna manera es lo mismo. Saber contar las cosas es una artesanía especial. La clase tiene poco que ver o nada. Hay mucha gente con clase que son narradores detestables, no hace falta que te diga nombres.

—No, no hace falta.

—Pues eso, yo puedo ser uno más de esos narradores con clase que escriben desclasadamente, valga la expresión. Y un cualquiera, en cambio, puede escribir divinamente. No hace falta que te diga nombres.

—No, no hace falta.

—¿Entonces de qué estamos hablando?

—Lo sabes ya: el convento fue un pretexto. Tu vida religiosa está más allá, queda más allá o más acá del convento de la Gorgoracha. Es mucho más que eso, es una auténtica experiencia individual, personal.

—Cuando te oigo hablar, Mariana, con tanta seguridad como hablas de la espiritualidad y el espíritu, te veo feliz. Eso me da mala espina. A fuer de sincero (tú y yo, tenemos, como tú dirías, clase suficiente para ser perfectamente sinceros el uno con el otro), cuando te embalas hablando de espiritualidad, y cristiandad y catolicismo y experiencia espiritual y todo lo demás, te veo feliz, ya digo. Te veo pagana, como diría Kierkegaard, perdona. Falta de espíritu, y en la falta de espíritu no hay angustia. Te veo demasiado feliz, demasiado satisfecha de ti misma, demasiado falta de espíritu. A diferencia de Margareta, en ti se percibe con toda claridad el estancamiento del espíritu, una caricatura de la espiritualidad. A la hora de charlar, *pour faire un peu de conversation*, resultas inteligente, brillante, nunca estúpida, pero la significación de tus palabras es sosa. ¿Recuerdas el texto evangélico: vosotros sois la sal de la tierra. Si la sal es sosa con qué se la devolverá el sabor? Nosotros, Mariana, éramos la sal de la tierra, íbamos a serlo. Esta era la gracia

—Y lo fuiste. Tú lo fuiste.

—Querrás decir nosotros, todos nosotros: Abel, Raimundo, yo y más tarde aquel Juanillo que no aceptamos, Ignacio, Pablo, Lorenzo. Tú misma. Y se ha quedado en nada. Esa combinación tuya, Mariana (veo que me miras sorprendida, no ofendida, sino solo sorprendida, como si de pronto oyeras hablar con mi voz a otra persona), esa mezcla, tan tuya, Mariana, de seguridad y desorientación en lo referente a lo que ha pasado aquí en la Gorgoracha, viene de que no entiendes espiritualmente nada en absoluto, no hay para ti ningún problema en todo esto, pero todo lo rozas con tu incesante charla...

—¡Ahí lo tienes, Josefo! ¡Esta es tu elocuencia! ¡Este es el tono de tu libro!

—El caso, Mariana, es que yo te creo, creo que esto es a la vez lo que acabo de decir, vanilocuencia y genuina elocuencia. Charla en el mal sentido kierkegaardiano e ingenio espiritual. ¿Qué queda en mí ahora, Mariana, del noveno grado de la humildad, consistente en que el monje de tal modo reprima su lengua que, guardando silencio, nunca hable hasta ser preguntado, enseñándonos la Escritura que no es posible hablar mucho sin pecar y que el hombre hablador no hará progresos en la virtud? ¿Qué queda de mí, Mariana?

—Queda el narrador, el escritor.

—Todo existe para convertirse en libro.

—¡Justo! Es palabra de Dios. Te alabamos, Señor.

—Y, dime, Mariana: ¿por qué es inadecuado decir lo que acabas de decir ahora mismo? Es blasfemo.

—¡Por favor, esa rectitud, ni san Benito de Nursia!

—Deseo dejar de hablar contigo.

—Pero no puedes.

—Deseo no continuar esta conversación, Mariana.

—Pero no puedes.

—[Se santigua] En el nombre del Padre, del Hijo y del Espíritu Santo.

—Yo no soy Lucifer, todo esto es un decir. Una vez salió Juan Pablo II a uno de sus múltiples encuentros en la plaza de San Pedro y se le acercó o le acercaron una niñita que tendría como seis, quizá siete años, y le dijo: Santo Padre, se me ha muerto mi perro esta mañana, ¿va a ir mi perro al cielo? ¿Y qué crees que le dijo el papa desde su cuarto?

—No sé, ¿qué le dijo?

—Pues que sí, no faltaba más. Estamos dentro de la experiencia subjetiva del mundo. El papa dijo la verdad a la niña.

—Aplicación: ¿cómo se aplica esto a mi caso?

—No se aplica, Josefo. O bien: la aplicación de la anécdota papal a tu caso es obvia: tanto si escribes como si no escribes tu libro acerca de tu experiencia espiritual, y tanto si incluyes como si no incluyes el caso de Abel, y yo confío que hagas ambas cosas, en cualquier caso y en todo caso, estás siempre en el interior de una experiencia subjetiva, la experiencia de la subjetividad cristiana con su carga de autocrítica y de culpa y de esperanza de redención. Eres siempre el mismo, siempre serás el mismo, el prior de tu comunidad, el fraile que abandonó el estúpido mundo afanoso y su halago, para entrar en religión, dentro de la más estricta observancia y dirigir su corazón a Dios. Y así sucesivamente. No hay ninguna novedad, es más de lo mismo.

—Entonces no hay novedad según tú, Mariana.

—No, no la hay. Tienes obligación ante Dios y ante ti mismo y ante mí misma de escribir ese libro. Todas tus dudas son certezas y todas tus certezas serán siempre, puesto que nada exterior te servirá para confirmarlas o desconfirmarlas, dudas, dudas. Tu salvación es la redacción, la composición, la invención de un libro: *Itinerarium*, Josefo.

¿Cómo se sabe que ha llegado la hora de tu muerte?, piensa Margareta. Esta indiferencia se debe parecer mucho a lo que se siente antes de morir: gana de acabar, gana de dejarlo todo. No tener que ir ya nunca más a ningún sitio, no volver a ver ningún paisaje, no sentir simpatía por nadie —o antipatía—, solo querer que todo acabe: el cansancio, el malestar, estas punzadas del reúma que duran todo el día y que no se alivian con cafiaspirina y que ningún antinflamatorio calma en el fondo. Hay días que piensa que lo más vivo que tiene, lo menos muerto que le queda son las punzadas del reúma, la cojera y el cansancio, la desgana. Y, sin embargo... Esta es la gran adversativa, este sin embargo. Y, sin embargo, hay el resol por las tardes y dormitar al amor del brasero eléctrico de la mesa camilla. Y hay también la costumbre de acompañar a Mariana de un lado a otro, y de escuchar sus interminables monólogos, y el placer de darle siempre o casi siempre la razón. Saberla llevar es un arte menor que Margareta aprendió hace muchísimos años. Y ahora piensa que está cansada y que prefiere ya de una vez dejarlo todo, echarlo todo a un lado y dejarse ir. Y, sin embargo no me dejo ir, piensa Margareta, no estoy dejándome. Prefiero este malestar y el sol que viene como un gato a sentarse en mis rodillas por las tardes antes de irse, dejado el sol también entre la noche, entre las nubes de los atardeceres madrileños. Siempre ha tenido modestamente a gala Margareta esto: vivir conscientemente, ser consciente, ser libre. Y siempre ha pensado que Shakespeare bromeaba cuando escribió «*consciousness makes cowards of us all*». Ser consciente nunca ha acobardado a Margareta. Iba acompañado de un sentimiento de inmensa fragilidad y dependencia pero nunca le faltó la lucidez. Aceptó desde siempre su carácter adoptivo. Siempre hizo todo lo que pudo para ser simpática, para ser útil en casa de Mariana, ser una buena compañera, y lo fue. Y Mariana, a cambio, ha sido una amiga fiel y a su manera abacial, una amiga generosa que ahora cuida de Margareta. ¿Son estos, de verdad, mis últimos días?, piensa Margareta. Hace tiempo que dejó de consultar a los médicos. Toma las pastillas que tiene que tomar para controlar los dolores reumáticos o su debilidad cardiaca, sus arritmias, ¿qué más se le puede preguntar a un médico una vez que ha prescrito un tratamiento adecuado y ha recomendado la mejor medicación disponible? No hay ninguna cura. Cuando hablaba con el padre Abel solía decirle: mientras pueda valerme por mí misma, estos padecimientos crónicos son una suerte. Te dejan como espacios, como islas en el tiempo de la vida y una se pasea por esos espacios de pronto sin dolencias con la indolencia de los convalecientes. Ahora aprovecho el tiempo cada vez más, de joven era más tonta, se me pasaba el tiempo, me distraía con cualquier cosa. Seleccionaba unas cosas y dejaba otras. Prefería pasear en una dirección y no más bien en otra cualquiera. Disfrutaba más con unas amigas que con otras. Siempre eran las amigas de Mariana, esto era una suerte: no tenía que elegirlas yo: aceptar lo que viniese —que era en general una buena vida, tranquila— era estupendo.

Y ahora también lo es, aceptar la muerte que viene de puntillas, que sin cesar se le acerca como una enfermera solícita. Siempre pensó que lo esencial era la lucidez. Ver con claridad el pasado, el presente. Aceptar con tranquilidad el contenido del futuro. Pero ahora a esto se añade una sensación de estar disfrutando de un regalo inmerecido, el tiempo restante, con la tranquila inconsciencia de un animal doméstico, como la sombra de un gato que una vez hubo en casa, así el sol le deslumbra esta tarde a Margareta un momento. Se refleja en una cornucopia, saca los colores de un elegante cacharro de porcelana donde ha colocado hace unos días una gran hortensia azul. Se retira dulcemente.

Pero en el resol de esta tarde de otoño no todo es claro ni todo se ha dejado ir sin más. La conciencia de Margareta no es todavía una lámina lisa y celeste, un resbaladero fácil que sin cesar se incline. Ahora hay zonas boscosas que el anochecer agiganta, ahueca, siembra de ruidos y chasquidos, presencias. Margareta sabe que no podrá contar esta noche con el sueño porque lleva muchos años de sueño saltón y tendrá que tranquilizarse a contrapelo y, si lo logra, solo será un ratito al final, al amanecer, con ayuda de las pastillas. Pero mientras tanto: ¿qué va a pasar ahora?, se pregunta Margareta, ¿se interrumpirá en la Gorgoracha esa oración continua en la que yo, agnóstica, he confiado tantos años? Y sí se interrumpirá, si la incansable Mariana se alía con Josefo y sale ese libro absurdo sobre el padre Abel y la vida monástica. Margareta está al tanto de todo eso, Mariana le ha contado casi todo lo esencial: que no es en realidad nada más que muy poco: Josefo está pensando dejar el convento en vista de las críticas de sus compañeros y consagrarse durante un tiempo a la confección de este libro. ¿Qué quedará del convento entonces? ¿Qué quedará de la espiritualidad de Josefo? La inquietud de Margareta es ahora aguda pero, a la vez, muda. Margareta desearía ahora poder aferrarse a una idea agradable, la idea de un viaje agradable, un recuerdo agradable, una frase graciosa. Esto sería un lenitivo y le serviría, como un calmante, para atravesar el tiempo que queda, como una laguna movediza e inquietante, el rato que va desde la caída del sol a la entrada agitada del anochecer metalizado. Hay las lámparas de la sala, la que tiene junto a su butaca para leer y la otra lámpara en el centro de la mesa redonda donde está la hortensia azul y los elegantes libros de arte que hojea Mariana. Y le traerán dentro de un rato una taza de tila y llegará Mariana a última hora, después de cenar a charlar un rato antes de irse a la cama. Pero ahora hay un espacio vacío e intranquilizado que, como una ilustración de un libro, anula las páginas de letra impresa y sobresale ante los ojos a la luz de la lámpara: es la imagen del ahorcado, una figura pintarrajeada, agitada, un dibujo naif, como si el pintarrajo hubiese sido hecho con rotuladores de colores y se hubiesen mezclado los colores siguiendo una estética de lo pobre, lo andrajoso, lo que se echa a la basura, las botellas de plástico, un jersey, que sin embargo, se ha convertido en tema de esta ilustración que no quiere decir nada especial: los restos de toda la basura y el ahorcado tienen en la ilustración un aire unánime. El ahorcado muestra una cara redonda y risueña. Es un emoticón risueño. Que cambia: ahora no es risueño, ahora se curva hacia abajo como los labios apretados, curvados y finos de la decepción, de la determinación. Hizo lo que creyó que tenía que hacer, piensa Margareta. Fue un impulso ahorcarse, con lo cual quería decir que todo lo anterior también fue un impulso que ahora otro impulso, el último, emborrona y clausura. No hay más. Margareta tiene la sensación de haber cerrado el libro con violencia en ese instante. Pero no había ningún libro: solo ha cerrado las manos con un sonido seco como quien da una palmada para llamar la atención. Y he aquí que se siente mucho mejor, más animada y que, a la vez que hay más luz en torno a su sillón, disminuye toda la luz de la elegante sala y la puerta de entrada se abre silenciosamente y se cierra. Margareta es consciente de que tiene alguien a la espalda justo detrás de su sillón de orejas.

—¿Mariana? ¿Eres tú? Qué pronto has vuelto.

—Soy yo.

—Me encuentro mucho mejor ahora. El reúma es lo que tiene. De pronto es como si nunca hubiera tenido molestias ni dolores, nada. Estoy en paz. De buen humor.

—Yo estoy de buen humor.

—Tú también, ¿verdad?

—Desde luego.

Margareta recuerda un baile en una casa no muy lejos del piso que ahora ocupan. Era divertido al entrar, y mientras tomaban el *cup* aquel tan refrescante con las frutas. Luego dejó de ser divertido cuando se quedó un poco a un lado y no conseguía interesarse en la conversación que le daba uno de los chicos invitados. Ahora de pronto siente que le tapan los ojos, que Mariana (porque son las manos de Mariana sin duda, tan largas) desde detrás le tapa los ojos. Ahora solo percibe la ligera presión de ambas manos e instintivamente vuelve a abrir los ojos que había cerrado al sentir la presión. Percibe el entramado vegetal de los dedos entrecruzados que son, sin duda, los dedos de Mariana.

—¿Sabes quién soy? —oye que le preguntan al oído.

Hay un rumor apagado, como de fiesta en la sala.

—¡Mariana!

—Soy yo, querida.

—Me agobias un poco al taparme así los ojos.

Margareta hace un intento de separar las manos con sus manos pero no puede separar las manos que le cubren la cara.

—¡Por favor! —exclama.

—Soy yo, Margareta. Es la hora. Cierra los ojos dentro de la cueva de mis manos. Y déjate ir. Contén la respiración como la primera vez que te enseñamos a bucear: tenías que cerrar los ojos y contener la respiración. Hazlo ahora.

—¡Por favor, estoy asustada!

—No, no lo estás. Así es como llega.

Margareta siente una ligera presión sobre los ojos cerrados, un sobresalto, una falta de aire repentina. Y luego nada.

Si aún pudiera oír algo Margareta, oiría una voz masculina, quizá la voz de Abel, que susurra en su oído: *there is nothing serious in mortality*.

Requiem aeternam dona ei, Domine; et lux perpetua luceat ei; requiescat in pace. Amen.

Ignacio, recuerda: *Estás aquí. Fue solo / que tu alma subió a lo más insigne. / Fue solo, estás aquí / el abrirse de un leve día triste.* Esta elegía por una mujer muerta en una novela, de JRJ, se superpone, durante todo el funeral, al hermoso ritual de difuntos. Ignacio siente que no hay dos líneas emotivas: una litúrgica y abstracta y otra poética y concreta, sino una sola línea sentimental donde, como al atardecer, lo claro y lo oscuro se reconocen e intercambian. ¿Qué es lo más insigne? Ascender a lo más insigne es ascender a lo que está por encima de los signos, como la luz perpetua. Ignacio encuentra cuesta arriba esta tarde pensar litúrgicamente, cristianamente. JRJ le parece, de pronto, superior: la repetición del *Estás aquí* y el cierre que excluye toda otra posibilidad: el abrirse de un día triste. El alma de Ignacio está, contra su voluntad, llena de versos paganos esta tarde: *las manzanas, las nueces, en ti están / y la lluvia perpetua / llanamente alusiva al acto / se oye en otros sitios como entonces / a la hora de cerrar las tiendas / los jueves.*

Estos textos paganos le dicen: todo lo que hay es esto: hay la irrealidad y realidad de la muerte de un personaje ficticio y la realidad de la muerte de un personaje real: a fin de cuentas, hermanadas irrealidad y realidad en la cesación de la existencia. La ausencia de significado sustancial se compensa con una leve referencia poética: el *estás aquí* de JRJ, el verso: *la lluvia perpetua llanamente alusiva al acto*, del otro poeta. En ambos casos hay una llaneza, una insustancialidad llana, clara, férrea: la muerte. La muerte de Margareta, tan silenciosa, tan llana, tan absoluta. E Ignacio piensa de pronto que el magisterio de la Iglesia sobre la muerte como final del estado de peregrinación es frívolo. En el Concilio Vaticano II se enseña la irrepetibilidad de la vida humana contra la idea de metempsicosis: *es necesario que vigilemos constantemente para que, terminado el único curso de nuestra vida terrestre, merezcamos entrar con Él a las bodas y ser contados entre los bendecidos*. El caso es que Margareta, piensa Ignacio, vigilaba constantemente su vida. Ella lo llamaba ser consciente, ser lúcida, ser buena. Ahora que ha terminado el único curso de su vida terrestre, ¿merecerá entrar con Cristo a las bodas? Margareta era una solterona, se quedó para vestir santos, ¿se casará con Cristo ahora en la inmortalidad de la Constitución Dogmática Lumen Gentium C7N48? Seguro que no, piensa Ignacio, seguro que sí. Seguro que esta indirecta tristeza que siento al pensar en la muerte de Margareta mientras celebramos su funeral en la Gorgoracha es una tristeza infirme, inhábil, no cristiana, poética, agnóstica. Y, sin embargo, piensa Ignacio una vez más, si no sintiera esta específica tristeza, este específico vacío ante la muerte de una criatura tan real y verdadera como fue Margareta, ¿qué clase de cristiano hipócrita sería yo? Tengo que ser cristiano en medio de esta desolación sin esperanza. Tengo que sentir la presencia desolada de Margareta en la lluvia que llanamente alude al acto de su muerte esta tarde de otoño en la Gorgoracha como si Dios no existiese. Si por un instante esta tarde me apoyara en la existencia de Dios, o en la misericordia de Dios, o en su bondad, estaría, de hecho, negando toda la verdad profunda de la experiencia cristiana. Si fuera capaz de integrar la muerte de esta alma inocente en una paz lumínica abstracta y perpetua con facilidad, estaría, de hecho, negando la agonía del Cristo. Estaría diciendo que Cristo no sufrió en la cruz y que solo representó un papel. Sería un hereje. Y de la misma manera, si por un instante pensara que el padre Abel fue al final abducido, salvado, acariciado, bañado, por la luz de Cristo y no fuese capaz de detenerme en su agonía y en su muerte, merecería yo mismo la muerte y el desprecio. El caso es, sin embargo, que al rezar *deus quid propium est misereri semper et parcere te supplices exoramus pro anima famulae tuae Margareta quam hodie de oc saeculo migrare jusistis,* acompañando la voz alta del padre Raimundo —que es ahora el prior— Ignacio siente más, siente mejor, no solo se siente mejor, sino que experimenta con mayor agudeza y tristeza y seriedad, la muerte de Margareta o, al fondo, la muerte del padre Abel. Estas viejas oraciones latinas, tantos millones de veces repetidas, han cobrado labios nuevos como cantos rodados de los ríos, lamidas por el llanto y la desesperación, por su incesante rolar hacia las playas. La experiencia subjetiva de los poetas, de los grandes expresivos, ante la muerte, le resulta de pronto inferior a las lamidas, redondeadas y monótonas oraciones litúrgicas. Naturalmente, piensa, se trata de una mera ilusión subjetiva: ni las palabras de los poetas, ni las palabras del hombre religioso que redactó estas oraciones, contienen nada más allá de sí mismas, ¿es esto cierto? Si Cristo no resucitó es vana nuestra fe.

De reojo Ignacio puede ver que los asistentes, los escasos asistentes a este funeral, se han sentado separados unos de otros. Incluso Belarte y Ana, que inexplicablemente han acudido también al funeral, se sientan en extremos opuestos del mismo banco de la capilla. Sobresalta el vacío que rodea a la condesa de la Vela. Al no estar acompañada, como de costumbre, por Margareta, nadie se ha sentado junto a ella. Y resplandece sola, abacial, con su traje negro, sus correctos rasgos realzados por el peinado hacia atrás recogido en un moño. Tampoco está el padre prior. El prior en funciones es el padre Raimundo. La ausencia de Josefo es, de pronto, piensa Ignacio, insignificante, como si se hubiera deshecho en el aire. Y, sin embargo, su salida del convento hace unos días, coincidiendo más o menos con la muerte de Margareta, fue un rebote raro. El propio Josefo anunció que se retiraba a descansar una temporada a casa de doña Mariana, que los acontecimientos de estos meses le habían estresado mucho. Ignacio anotó mentalmente el raro sonido de esta expresión: «estresado», en el ambiente del refectorio donde el prior se lo comunicó a los otros cuatro frailes. No era obvio que estuviese estresado, no parecía distinto, o particularmente emocionado o nervioso. Quizá por eso, Ignacio tuvo la sensación de que el prior les ofrecía una excusa para irse, un pretexto. En realidad daba igual, estresado, cansado, ¿qué más daba? Raimundo ocupó con naturalidad su lugar, sin hacer comentarios. No se hicieron comentarios. En cambio, Belarte, acompañado de Ana y de Miguel, se presentó en el convento el día del funeral de Margareta. Fue todo un acontecimiento, un microacontecimiento, que Ignacio registró con ansiedad primero, con curiosidad después y, por fin, cuando se marcharon, nada más terminar el funeral, con una intensa decepción. Ignacio esperaba algo fulminante de aquella presencia de Belarte y de Ana en la capilla, un estúpido milagro, un acontecimiento insólito, un estrecharse las manos de Raimundo y Belarte, algo que a la vez fuese cómico y conmovedor, significativo. No sucedió nada de eso, no sucedió nada en absoluto. Terminó el funeral. Ignacio acompañó a Raimundo a la sacristía para ayudarle a desvestirse. Ninguno de los dos hizo ningún comentario. ¿Qué podía añadirse?, ¿qué podía decirse? Todo quedaba dicho ya en las hermosas palabras del funeral. Margareta quedaba integrada ahora, agnóstica o no, en la comunión de los santos.

Josefo ha caído siempre bien. Y ha vuelto a caer bien, de regreso al mundo. Su salida de la Gorgoracha ha sido un éxito y se ha comparado a una caída libre, sólo que ascendente en vez de descendente. Esta paradoja sólo es comprensible dentro de la vida espiritual. Tiene su propio sabor neotestamentario, como de una bienaventuranza puesta al día. Justo se llegó a la estratosfera, eso fue la Gorgoracha, eso es todavía, un pelagartal estratosférico, un aire irrespirable. Tardó treinta años en subir y quince minutos justos en llegar de nuevo a tierra. Tan veloz descenso puede bien considerarse, en el territorio no verificable del espíritu, un ascenso. Un ascenso a los infiernos. Como todo el mundo sabe el infierno es este mundo, el infierno son los otros. Josefo no es en modo alguno un exclaustrado. No ha colgado la sotana, no se ha colgado de una viga. Ha dejado una posición de prestigio monástico pero que al fin y al cabo es electiva y no vitalicia, un prior se elige cada cuatro años. Su salida ha sido todo lo natural y civilizada posible. Hacía falta valor para salir sin romper, sin embargo, con la Iglesia. Y todo un equipo tecnológico, todo un aparataje, le ha seguido en las pantallas, capitaneado por la condesa de la Vela, quien por fin ha alojado a Josefo en su propia casa. Ahora que falta Margareta, Josefo da conversación después de la cena. Salirse del convento o de la Trapa no es equivalente de ningún modo a quitarse la vida y, ni siquiera, comparable a un divorcio. Es más bien un cambio de estado, una puesta al día de una vida espiritual que no ha dejado de serlo por cambiar de aires. La Gorgoracha ha dejado de ser un sitio encantador para convertirse en un lugar psíquicamente involutivo, hirsuto y terco. Tiene intención de escribir un libro, varios libros. Nada parecido, por supuesto, al cutrelux aquel que hace unos años circuló con el título de *La vida sexual del clero*. Le han hecho un sitio en la Cope, una colaboración de quince minutos en el magazín de la mañana, llamada «La Iglesia en el mundo», que, al cabo de un mes, ha sido tal éxito, que ha ido apareciendo un nutrido consultorio, las almas llaman por teléfono, incluso con sus dudas de fe en ocasiones y otras veces con elogios o agradecimientos, o sugerencias varias sobre el progreso espiritual. Al fin y al cabo, son siempre cuestiones místicas y el expadre prior, ahora padre Labordieu, está haciendo mucho bien. Doña Mariana no sale de su admiración ni de su asombro ante la especial capacidad digital de este nuevo presentador de la Cope. Al programa llegan tuits, llegan emails de diversos tamaños. La consulta radiofónica se complementa a la perfección con este espacio virtual de Internet: el espacio de las almas, el espacio de las voces radiofónicas. Nada de televisión de momento. Todo acústico.

Lo de la Cope es un fruto doble de la gestión de alto nivel episcopal de la condesa de la Vela y de la presentación de Josefo a la adecuada luz de su experiencia religiosa y católica. No es un cualquiera. Y no cualquier personaje puede ocuparse de algo tan delicado, público y radiofónico como una presencia de comentario y dirección espiritual en los medios. Pero, por otra parte, no es propio de un trapense ocupar esos puestos. Lo propio de un trapense es la contemplación. Pero de la contemplación a la dirección espiritual hay, dentro del catolicismo, un puente de plata. Es más: casi es más de plata el puente que une una consejería espiritual católica con la acción católica en el mundo, que el discutible u opinable puentecillo de los trapenses de la Gorgoracha con el mundo real. ¡Dónde va a parar!

Dejar la Gorgoracha no fue un movimiento impulsivo, ni tampoco meditado. Esta doble negación deja el movimiento del expadre prior en un estado de movilidad fascinante. Que después de tantos años de estabilidad monástica y de celebración ritual del misterio cristiano, se sintiese llamado a celebrar el misterio cristiano por cuenta propia, a título de ensayista o escritor individual, no es sorprendente (al fin y al cabo no se puede decir que los otros monjes, sus compañeros Raimundo, Ignacio, Pablo, Lorenzo... fueran impersonales o no-individuales en su experiencia religiosa comunitaria). No es sorprendente, pero tampoco es del todo subsecuente. Uno no interrumpe un género de vida, un estilo adoptado a lo largo de muchos años, para iniciar otro, de pronto, como suele hacerse en otras etapas del camino de la vida, quizá en la juventud. Pero el padre Labordieu —que entre unas cosas y otras ya está bien entrado en los sesenta— no acaba de verse a sí mismo del todo bien hallado en su nuevo estado espiritual. Ni mal ni bien del todo. Afortunadamente, al tratarse de una persona conocida en Madrid, no ha tenido dificultades para regresar a Madrid y, ciertamente, lo de la Cope, con no ser gran cosa económicamente hablando, sin duda es un entretenimiento bienvenido: la ocasión de un nuevo renacer y despertar. Josefo siente, y este sentimiento es capital, que ahora desea sustituir la relación ritual con Dios a través de la Iglesia y su liturgia monástica, por otra nueva relación con Dios, más personal, a través de un orar personalizado, una presentificación de Dios, menos ritualizada y más elocuente. En realidad, todo lo ocurrido en la Gorgoracha en los últimos tiempos, ha supuesto una meditación acerca de las hablas que hablan de Dios: *to do God in diferent voices.* Y la voz que ha surgido al separarse de la disciplina conventual es una voz mucho más comunicativa, mucho menos callada, menos obturada por la rutina y el silencio prescritos en la regla: una voz más pura, más *yoica*. ¡Ea! Esto no acaba de entenderse bien si se tiene en cuenta solamente la bientimbrada voz del expadre prior tal como se oye a muy tempranas horas de la mañana en la Cope. No es que pueda, realmente, individualizarse la nueva voz, la misma voz del padre Labordieu. Mejor ahora, en sí misma, que entonces en el convento, combinada con las otras. Lo que sí se puede, en cambio, es comprobar cómo al llegar a muchísimas más almas, la calidez de esta voz parece más auténtica. ¿No está la soledad monástica —por muy que los monjes recen juntos— reñida con la autenticidad del corazón individual (la cual, ahora sí, en comunicación con todos los demás, con tantísimos oyentes de ambos sexos y de todos los grupos sociales y culturales), más cumplida, más hecha, más propia? Hay, sin duda, una inautenticidad estoica del corazón solitario, que se compadece mal con la universalidad del mensaje cristiano: «Id por todo el mundo y predicad a todas las gentes y allí estaré yo cuando entre todos vosotros invoquéis mi nombre». Para que haya gente hacen falta más de dos, y más de una ocasión o de la misma ocasión repetida igualmente con los mismos. Hay que desarraigarse, desterrarse, transterrarse, comunicarse con todos los demás para oír la propia voz. Y no al revés. La experiencia monástica fue, en realidad, un craso error de perspectiva, un solipsismo encubierto, una experiencia religiosa-trampa, una oración-trampa.

En un momento dado, el padre Labordieu se escucha a sí mismo en una grabación de la Cope que reproduce una de sus primeras intervenciones. No puede remediar sentirse satisfecho, humildemente contento, del modo directo, pastoral, con que inicia a sus oyentes en la complicada cuestión de los dos aspectos de la Iglesia una:

> Buenos días, queridos oyentes. Ayer reflexionábamos sobre la Iglesia y os decía que tenemos que evitar ciertas disociaciones peligrosas. La unidad católica es a veces difícil de sobrellevar y ha habido en

todos los tiempos, y más hoy en día en nuestra sociedad española posmoderna, laica y tecnológica, espíritus que han contrapuesto la Iglesia visible y temporal y jerárquica, la Iglesia una, santa, católica y apostólica que nosotros conocemos, a una especie de Iglesia invisible, toda ella interior, espiritual, una comunidad luminosa de Dios dispersa por todo el universo. Pudiera parecer más adecuada esta caracterización de la Iglesia como gigantesca *communio sanctuorum*, comunión de los santos, un lugar ideal para el reencuentro de todas las comunidades cristianas y de todas las almas santas. ¿Esta Iglesia, como comenta Henri de Lubac en su *Meditación sobre la Iglesia*, no parece más santa y más realmente divina que esta otra nuestra que conocemos y padecemos diariamente? Debemos ir paso a paso, queridos oyentes, no empeñarnos en decir mucho y muy deprisa, en sentir mucho y muy deprisa, o en pensar mucho y muy deprisa en esta media mañana. Mientras estáis en vuestras casas o en vuestros trabajos profesionales o, quizá, en las bibliotecas de vuestras facultades, vosotros jóvenes, oyéndonos a través de vuestros reproductores musicales e iPods, tenéis que deteneros y al deteneros dar un paso atrás y consideraros a vosotros mismos sinceros católicos, o quizá no, pero espíritus en busca de la verdad siempre, y contemplar la Iglesia santa que tantas contradicciones aparentemente alberga. Parece que la Iglesia corporal, la Iglesia vaticana, la cristiandad exterior, es menos fundamental y verdadera que la cristiandad espiritual, interior. La cristiandad exterior es una creación humana, la cristiandad interior, la comunión de los santos, parece más verdadera, más profunda. ¿*No es cierto*, se pregunta Lubac, *que las necesidades de mantener el orden imponen a la Iglesia católica un aparato humano de gobierno que nada tiene que ver con la santidad del evangelio*? Este espiritualismo que se encuentra en muchas concepciones ecuménicas al margen del catolicismo no deja de tener un cierto peso desde el punto de vista natural. Desde el punto de vista de la actitud natural ante el mundo, parece que la Iglesia puede subsistir sin apariencia visible, como insistirá Calvino. ¿Qué os parece a vosotros, queridos oyentes? Seguro que vosotros tendréis una opinión también sobre esto, como la tienen nuestros amigos de DeMemory que patrocinan este espacio radiofónico. DeMemory, complemento vitamínico para la memoria: aumenta la capacidad de concentración, facilita la agilidad mental e incrementa el rendimiento intelectual. Me gustaría conocer vuestras opiniones a través del Twitter y del correo del programa y que vuestras opiniones fueran saliendo al paso de cada una de nuestras charlas radiofónicas.

Normalmente, el padre Labordieu dedica una parte de su espacio a contestar las dudas de los oyentes. Su colaborador, un joven rubicundo con un tono de voz un poco más alto y más expeditivo que el padre Labordieu, lee los mensajes que han ido llegando durante la charla:

Ana, desde Granada, quiere saber si la experiencia monástica representa a la Iglesia interior o mística, y en cambio, la experiencia religiosa en medio del mundo representa a la Iglesia exterior comprometida.

La siguiente oyente es María Luisa, una malagueña preocupada por temas religiosos: «En mi casa mis hermanos, y también yo misma, hemos estado en contacto con grupos de Acción Cristiana de base pero también con el Opus Dei. Si una hora de trabajo es una hora de oración, ¿hace falta hacer oraciones aparte?».

Armando Durán, de Torremolinos, Málaga: «Cada vez que veo a los legionarios el Jueves Santo, transportando al Cristo de la Buena Muerte a pulso, se me ponen los pelos como escarpias. Siento una emoción muy intensa, casi ganas de llorar, como un flechazo, una descarga de adrenalina, como si yo quisiera también transportar así al Cristo en mi corazón, a pelo».

El colaborador rubicundo cambia ahora ligeramente el tono de voz, como alguien que expone algo no deseando del todo hacerlo, solo por obligación y dice: «Tenemos ahora también, padre Labordieu, unas cuantas voces críticas, algunas de ellas sin duda muy sinceras que me apresuro a citar ahora»:

Julio José, desde Vallecas, Madrid, dice que no ha entendido la charla anterior. Lo poco que él sabe de la religión católica lo ha aprendido en El Gallinero, en Entrevías, y no le suena a nada lo que acaba de escuchar. Y termina, cito textualmente: «La religión tiene que ser para el pueblo y con el pueblo, lo otro suena a esteticismo religioso de señoritos».

Un parado de veinticinco años con un máster de periodismo digital, dice literalmente: «Escuchando al padre Labordieu he tenido la impresión de que se enrolla mucho para decir muy poco».

Cecilia, de Carabanchel bajo, Madrid, nos dice: «Me parece que no voy a escuchar estas charlas, se enrolla mogollón. ¿Quién, por cierto, es Calvino? ¿Y el otro francés, el Enrique de Luac, ese quién es? Se ve que este presentador es un hombre de otro tiempo y no está al día de las preocupaciones de la juventud actual».

Silvia, desde Segovia, nos dice a través de nuestro correo: «No creo en una religión tan cerrada y tan eclesiástica con tantas normas impuestas. Creo en la forma que yo veo a Dios».

El padre Labordieu se dispone ahora a contestar a sus oyentes. Una corriente cálida de simpatía se le sube a la cabeza como un buen rioja. Se siente conmovido y adecuado. Cercado y cercano como Jesús debió sentirse en las plazas de los pueblos de Galilea. Le ha impresionado especialmente el mensaje de Silvia de Segovia y empezará por este:

> Silvia me ha conmovido mucho. Es verdad que la Iglesia católica tradicional puede ofrecer, vista desde fuera, un aspecto hosco, normativo, prohibitivo. Pero yo le recomendaría a Silvia, quien, a juzgar por su mensaje, parece una persona espiritual, en la línea un poco de los Beatles, como la célebre canción de George Harrison, «*I really want to see you my lord, I really want to know you*», le recomendaría que pensara que creer solo en la forma en que ella ve a Dios es condenarse al solipsismo: sería como decir que cree solo en lo que ve, en las impresiones que tiene del mundo real, sin contrastarlas con las experiencias de todas las demás personas. ¿Cómo distinguir en este caso el ver real del soñar, por ejemplo? Una buena manera de distinguir entre el ver y el soñar es ser consciente de que ver es un ver intersubjetivo, vemos-con-todos

los demás. Ver es una experiencia intersubjetiva. Me atrevería a decirle a Silvia que también creer es una experiencia intersubjetiva: no es posible creer solo, a solas, y únicamente en aquellas cosas que nos parecen santas a nosotros mismos. Tenemos que hacer un esfuerzo por tratar de ver/creer con la fe y en las evidencias que los demás nos proporcionan.

A Julio José, que confiesa entender solo la religión católica que le han enseñado los buenos y sacrificados curas de Entrevías, le diré que estoy de acuerdo con él. Y que si lo que yo digo en estas charlas fuera solo un esteticismo de señorito, no seguiría ni un día más. Pero yo no creo que lo sea. Yo le rogaría que me siga escuchando porque entre esa fe del pueblo y con el pueblo, que hace de los pobres los auténticos vicarios de Cristo, y la fe en la Santa Madre Iglesia, no hay una barrera infranqueable.

Todo lo anterior es excitante, estimulante. Es, a la vez, trivial. Josefo no puede librarse, como de un regusto, de una impresión general de trivialidad pegajosa que dificulta ahora su comprensión de sí mismo como un chicle entre los dientes. No hay nada que objetar al contenido de lo que ahora Josefo predica y aconseja en las antenas de la Cope. Su éxito como locutor ha ido discretamente en aumento desde que empezó. E insensiblemente ha ido, a la vez, disminuyendo su autoestima. Le resulta imposible —por lo menos a ratos— persuadirse de que lo que hace es en sí mismo valioso. ¡Pero sin duda es valioso! ¿Cómo no va a ser valioso poner al alcance de tantísima gente la relación entre la Iglesia católica y el mundo contemporáneo? Mejor eso ¿que qué? No echa de menos el convento. Dejó la Gorgoracha persuadido de que, para él al menos, esa experiencia espiritual había concluido. Pensaba hacer lo que dijo que haría: contar su vida, contar su experiencia cristiana como monje trapense, contar, con gran discreción, la trágica muerte de Abel. A la vez se dejó llevar por el entusiasmo de Mariana y aceptó el empleo de la Cope. Ahora dedica un par de horas diarias a preparar esas charlas, a repasar la actualidad, a luchar contra lo que Benedicto XVI describe como la *desertificación espiritual* y la *difusión del vacío*. El papa se ha preguntado recientemente: *¿por qué el Camino de Santiago sigue seduciendo a hombres y mujeres en el siglo XXI? ¿Por qué tantas personas sienten hoy la necesidad de hacer estos caminos? ¿No es quizá porque en ellos encuentran, o al menos intuyen, nuestro sentido de estar en el mundo?* Josefo ha fruncido el ceño al leer esto: hay un cierto tufo optimista en estas preguntas papales. Alguien, otro yo que es el propio Josefo, contesta por él a las preguntas retóricas del papa: la gente hace el Camino de Santiago más o menos por el mismo motivo por el que viajan a Calcuta, visitan el Santo Sepulcro en Jerusalén, van y vienen de Roma a Nueva York y de Nueva York a Lourdes: viajan porque pueden, son vacaciones con Kodak: es turismo espiritual. Hay una contestación tercamente trivial a esas preguntas del pontífice. Viajan porque viajan, si no viajaran se aburrirían como monas, se arremolinan por cientos de miles dentro del espacio presuntamente sacral de la columnata de Bernini, lo mismo que en los conciertos de U2: «*One man come* *in the name of love*». Hubieran podido decir igualmente: «*One man come in the name of god*». Los dos términos son intercambiables ¿o no? Tan intercambiables, le parecen esta noche al padre Labordieu: *god*, *love*, Dios, amor y las multitudes yendo y viniendo en rituales espiritualistas por todos los santuarios del mundo que casi echa de menos de pronto el áspero silencio de la huerta de la Gorgoracha después de Completas. El silencio del catre de su celda, el silencio de una comunidad que fraguaba, invisible, en el pelagartal, inmóvil. Una comunidad muy pequeña, los nombres de cada uno de cuyos componentes el expadre prior recuerda ahora, disolviéndose en el ritual cotidiano, en las palabras de la liturgia de las horas, en la invisibilidad de la rectitud del corazón. Esta peregrinación en los desiertos del mundo contemporáneo llevando consigo solamente lo que es esencial también, piensa Josefo, él lleva consigo sólo lo que es esencial: el evangelio y la fe de la Iglesia católica. ¿Dónde está la diferencia? ¿Hay alguna diferencia? ¿Qué más da estar en un sitio u otro? ¿Qué más da, si se es fiel, serlo en la Gorgoracha o en la Cope? Y, sin embargo, hay, para Josefo en particular, algo ganso en la Cope. No, ciertamente, el proyecto de esa emisora episcopal ni los proyectos vitales de cada uno de los colaboradores de ese proyecto. Solo él, José María Labordieu Cabeza del Val es absurdo. La pureza mortificante de la negación, la nihilización, procede entera del hecho de que le afecta solo a él en persona, cada uno de los demás colaboradores con sus motivos personales, con sus salarios, con su inspiración religiosa etc., tendrán o no tendrán su justificación correspondiente. Pero él en particular, Josefo, está de más ahora y siempre. Dejar la Gorgoracha fue aceptar, saltar de un brinco, de lo lleno, lo rutinario, el piadoso silencio, a la estrepitosa nada que solo Josefo percibe ahora en torno suyo y que se burla de él reflejándole en un espejo invertido: ahora tiene que bregar Josefo con un reflejo torcido, con una intención doble, con una teoría torcida, una idea zigzagueante de sí mismo, el puro desasosiego de un jubilata eclesiástico.

La Liturgia de las Horas, según el rito romano, traducida a la lengua española, todavía sorprende a Ignacio un poco. Esta tarde de adviento hace frío afuera y dentro de la capilla de la Gorgoracha, la calidez viene del corazón de Ignacio y de la voz de los otros tres, el prior que es ahora Raimundo. La comunidad reducida cuenta ahora con los dos que faltan, como se cuenta en el presente con el pasado que va volviéndose futuro a medida que instante tras instante, cada instante es el número del movimiento según el antes y el después.

Llueve y llueve, llueve y llueve. Sí, han renunciado a este mundo, ¿a qué mundo? A este mundo del amor y la contradicción. Así que podría decirse de ellos que son únicos y estériles. La lluvia subtropical de la Gorgoracha es grande como un globo que se eleva en el aire. Todo es la lluvia en el atardecer insignificante. Ignacio y Raimundo tienen esta tarde conciencia de su insignificancia, de su estupidez, y se sienten diminutos como cucarachas. No se sienten poderosos ni sabios ni normales ni guapos. No saben quiénes son, este es el efecto-Dios, para expresarlo en el ridículo modo de la posmodernidad. Todos los recuerdos se han suspendido y la conciencia se ha suspendido. *Jesús, hijo del Padre, ven aprisa / en este atardecer que se avecina / serena claridad y dulce brisa será tu amor que todo lo domina. Amén.* Llueve y llueve afuera, la lluvia borra todas las significaciones y todos los paisajes. No han probado el alcohol, se han estimulado en el Señor. Oración: *Guárdanos, Señor, durante esta noche y haz que mañana al clarear el nuevo día, la celebración del domingo nos llene con la alegría de la resurrección de tu Hijo. Él, que vive y reina por los siglos de los siglos.* Llueve y llueve, la lluvia deshace los bancales de patatas, en esta tierra subtropical la lluvia es un acontecimiento absoluto. Y el convento de la Gorgoracha es insignificante. Ahora no es verano, ahora es otoño. Al menos en verano se oía el gran silencio de Dios. Pero ahora el pútrido otoño no da pie a la lucidez. E introduce el espanto, la ambigüedad, la incertidumbre. *Al amparo del Altísimo, no temo el espanto nocturno.* Estos cuatro insignificantes frailes, tercos e insignificantes, rezan a coro: *No temerás el espanto nocturno / ni la flecha que vuela de día / ni la peste que se desliza en las tinieblas / ni la peste que devasta al mediodía. Al amparo del Altísimo no temo el espanto nocturno: una lectura breve: Dios nos ha destinado a obtener la salvación por medio de nuestro Señor Jesucristo; él murió por nosotros para que despiertos o dormidos vivamos en él.* Son las oraciones del atardecer, la súplica insignificante de estos agobiados cuatro frailes que nadie reconoce. Entre ahora y la hora de la muerte nada habrá que sea más significativo que la palabra de Dios. ¡No se puede ser más estúpido, más crédulo, más insignificante! ¿O es al revés:

es imposible ser más inteligente, más dulce, más significativo que estos cuatro frailes jóvenes y viejos que rezan? El corro que forman delante del altar les cierra sobre sí mismos. Pero detrás, atrás, en los bancos ¡oh, absurdo! Han venido a visitarles y a verles: ahí está Matías Belarte, escéptico y con dos copas de más, le ha dado al dulce esta tarde. Ha sido él, Matías Belarte, quien se ha empeñado en venir y se ha traído consigo al Miguel, a Ana, a una rubia que derrama estúpidas lágrimas emocionada por este ambiente, una Estefanía de Marbella que ha derramado copiosas lágrimas creyendo que se trata de un funeral. Siente que llora por su abuela o su madre, en cualquier caso, un esperpéntico don de lágrimas inunda su rostro genérico. Es imposible decir si todo esto es verdadero o falso, esperpéntico o limpio, puro o impuro. Matías Belarte sabe a qué ha venido. Ha venido a elogiar la valentía del valiente Raimundo que no le denunció: *Bendeciré al Señor que me aconseja / hasta de noche me instruye internamente.* Al pronunciar estas palabras Ignacio se siente como herido de muerte: ¿de verdad el Señor hasta de noche le instruye internamente? Se oye la lluvia subtropical sobre la capilla como un recuerdo culpable. Llueve sobre la diminuta bóveda como una acusación y dice la lluvia: os habéis olvidado de Abel, os habéis olvidado de Josefo, os habéis entregado a la rutina de las oraciones, os habéis encorsetado en la milenaria palabra de Dios, sois cobardes: Ignacio ha perdido el ritmo de la oración de los otros tres y repite para sus adentros: *Bendeciré al Señor que me aconseja / hasta de noche me instruye internamente / tengo siempre presente al Señor*.

Matías Belarte piensa: qué coño hago yo aquí. Estoy aquí porque quiero y he traído a los demás y oigo la lluvia como un tambor subyacente. He venido en elogio de estos frailes, pero una vez aquí ¿qué hago aquí?, ¿quién es el Señor? Constantemente dicen Jesús es el Señor. Y no lo entiendo. Para volver a nacer tendría que regresar al vientre de mi madre. Yo no volveré a nacer. Y no entiendo lo que dicen.

Lectura breve: *Que el mismo Dios de la paz os consagre totalmente y que todo vuestro espíritu, alma y cuerpo, sea custodiado sin reproche hasta la venida de nuestro Señor Jesucristo.* No lo entiendo, piensa Matías Belarte.

Señor, Dios nuestro, concédenos tú un descanso tranquilo que restaure nuestras fuerzas, desgastadas hasta ahora por el trabajo del día; así fortalecidos con tu ayuda, te serviremos siempre con todo nuestro cuerpo y nuestro espíritu. Por Jesucristo nuestro Señor. Son cuatro espectadores y cuatro orantes. No se puede ser menos. Ahora Belarte oye rezar el salmo 87 (Lucas 22,53): *Esta es vuestra hora: la del poder de las tinieblas: Señor, Dios mío, de día te pido auxilio, de noche grito en tu presencia / llegue ante ti mi súplica / implica tu oído a mi clamor / porque mi alma está colmada de desdichas / y mi vida está al borde del abismo / ya me cuentan con los que bajan a la fosa, soy como un inválido [...]. Has alejado de mí a mis conocidos / me has hecho repugnante para ellos / encerrado no puedo salir / y los ojos se me nublan de pesar / todo el día te estoy invocando tendiendo las manos hacia ti / ¿harás tú maravillas por los muertos, se alzarán las sombras para darte gracias?*

Los dos más conscientes de estos cuatro leen ahora entrecruzándose: Lectura breve: *Tú estás en medio de nosotros, Señor, tu nombre ha sido invocado sobre nosotros: no nos abandones, Señor Dios nuestro.*

Volverán a leer una y otra vez estos mismos textos. Volverán a rezar estas mismas oraciones. Han capturado a Matías Belarte, el imposible y trivial Belarte. Pero no lo saben porque le dan la espalda mientras rezan en coro. Han conquistado el corazón escéptico. Belarte ha traído una plañidera. Estefanía derrama por Belarte las lágrimas que le faltan, el don de lágrimas.

Oración: *Señor Dios todopoderoso, ya que con nuestro descanso vamos a imitar a tu Hijo que reposó en el sepulcro, te pedimos que también le imitemos mañana resucitando a una nueva vida. Por Jesucristo nuestro Señor.*

Yo lo dejaría así. *Al amparo del Altísimo, no temo el espanto nocturno: Dios mío, confío en ti.*